房车改装
快速入门

原书第 2 版

【英】约翰·威克沙姆（John Wickersham） 编著

上海商学院　友程房车（上海）有限公司　组译

符全胜　丁红波　等译

机械工业出版社
CHINA MACHINE PRESS

《房车改装快速入门》通过一个循序渐进的操作过程，将改装房车从初始想法阶段，一直到最终上路出行阶段进行了翔实、系统的说明。

设计和改装自己的房车，可以让你根据自己的需求自由打造一个独特的度假屋，并达到节约成本的目的。无论你是想改装、翻修，还是想从头开始打造一辆房车，本书都将带你迈出坚实的每一步。

Build your own Motorcaravan/ISBN: 978-0-85733-281-3

Originally published in English by Haynes Publishing under the title: Build your own Motorcaravan written by John Wickersham, ©John Wickersham 2013.

图书在版编目（CIP）数据

房车改装快速入门 /（英）约翰·威克沙姆 (John Wickersham) 编著；符全胜等译 . -- 北京：机械工业出版社，2020.9（2025.1 重印）
书名原文：Build your own Motorcaravan
ISBN 978-7-111-66141-2

Ⅰ.①房… Ⅱ.①约… ②符… Ⅲ.①房车—汽车改造 Ⅳ.① U469.107

中国版本图书馆 CIP 数据核字 (2020) 第 130568 号

机械工业出版社（北京市百万庄大街22号　邮政编码100037）
策划编辑：李　军　　责任编辑：李　军　徐　霆
责任校对：高亚苗　　责任印制：张　博
北京建宏印刷有限公司印刷
2025年1月第1版第3次印刷
184mm×260mm·13.5 印张·2 插页·483 千字
标准书号：ISBN 978-7-111-66141-2
定价：99.00元

电话服务　　　　　　　网络服务
客服电话：010-88361066　机 工 官 网：www.cmpbook.com
　　　　　010-88379833　机 工 官 博：weibo.com/cmp1952
　　　　　010-68326294　金 书 网：www.golden-book.com
封底无防伪标均为盗版　机工教育服务网：www.cmpedu.com

目录 Contents

目录 Contents

第1章

房车类型

明确任务

个人目标

追求个性

专业的施工技术

概要

挑战

成千上万的人想知道他们是否可以改装房车；许多人在努力实现这个梦想。

感觉太棒了！开着亲手改装的房车去度假，多少日夜的付出获得了特殊回报。

本书为有改装房车梦想的人而写，借鉴了作者第一手房车改装经验，曾成功改装了三辆房车——两辆客车改装房车和一辆货车改装房车。

为了鼓励改装者，本书对改装房车需要完成哪些工作进行了描述，毕竟自己动手改装房车始终是一项挑战。实际上，下定决心很重要，当你踏出第一步，剩下的路就必须走完。

早规划也很重要，首先你要想好改装哪种类型的房车。

房车类型

动手改装前，请注意"房车"（motor-caravan）一词可以指好几种车辆类型，时至今日这个词本身也发生了变化。"caravanettes"曾一度用来指代小型房车，但现在已不这么说了。在欧洲"房车"过去曾用来指休闲车（RV），尽管许多英国供应商现在称它们为"motorhome"。因此本书中说到房车，其实没那么简单。

例如，一辆休闲车出厂时作为轻型商用面包车，后来被改装用于度假居住，通常被称为"露营车"或"改装面包车"。这和一般的底盘加装式房车改装套路完全不同，底盘加装式房车是在底盘上面加装了一个"车身"用来居住。

"露营车（用面包车改装的）"和"底盘加装式房车"之间的差异在改装时具有重要意义。还有其他独特的功能，例如，一些露营车有升降屋顶，而其他房车使用可替换的"高"屋顶。

底盘加装式房车也各有不同。有些是根据原有的商用车改装的，被称为"A级"房车，配备了专门的宽敞驾驶室，构成了生活空间的一部分。另一种类型的底盘加装式房车是北美大型房车，即休闲车（RV）。

改装这辆面包车需要将近 12 个月的时间，但为了造好露营车值得努力。

这款 DIY 房车使用了受损的旧车外壳，与之前的车型没什么共同之处。

一些露营车有升降屋顶，这部分通常先由专业改装人员安装。

当需要高顶时，必须根据车辆制造商的规定，用钢框架加固厢式车顶。

英国每年都有一些大型的室内和室外的展览值得参加，展出的各种专业制造的房车案例能够给你带来好点子。另外建议参加改装房车俱乐部，在那里你会看到其他会员的房车，并能够与他们取得联系。

任何DIY项目的关键点在于你是在按照自己喜欢的方式设计和改装自己的房车，包括房车的大小、配备安全带的座椅数量、内部构造、装饰点缀和整体设计都由你决定。自建房车还可以满足你的爱好，别忘了，一些房车自建者有着自己主动的休闲爱好，而不是被动接受其他人的

一些自建者利用旧的货车、客车和其他商用车改装成A级房车。

房车自建者俱乐部会员通过聚会活动，提供观赏各种类型房车改装项目。

这辆房车的驾驶室内有两个配备安全带的座椅，必要时它可以装备三到四个配备安全带的座椅。

自建房车的设计可以用来支持许多户外活动，比如这辆房车开了一个大大的后门。

很多人对主动建造某样东西并无兴趣，这点能体现在他们的房车上。

爱好。因此，完成自建房车不仅满足你的旅行需求，还能反映你的个人品位和技能水平。

并不是说你必须自己完成所有的改装工作。一个人的参与程度取决于他的业余时间、财务状况和专业技能。 有时你会发现必须获得其他人的帮助，就像汽车制造商生产汽车一样。

明确任务

这是一个令人兴奋的挑战，但我们得明白，自己改装房车是一项相当艰巨的任务。事实上，当有那么多专业改装的房车在出售时，你很可能会问自己"为什么要这么麻烦自己改装呢？"

实际上，《实用房车》杂志附带的"买家指南"清楚显示，购买房车有数百种选择，收录的清单如下：

- 332种英国制造房车目前正在出售
- 744种欧洲进口房车
- 11种美国进口商提供的RV车型。

除此之外，还有私人车主和贸易商出售的所有二手房车车型，证实了市场上专业制造车辆的选择性确实非常巨大。鉴于这种情况，为什么还要自己改装呢？

个人目标

节省财力是许多DIY项目背后的驱动力之一。 事实上，青少年时期我就决定，如果有东西我买不起，我就会尝试自己做。

我最初的一个挑战是造一个胶合板材质的用于比赛的独木舟，接下来是GRP（玻璃纤维增强塑料，也称为玻璃钢）独木舟，然后是帆船、家具、组装汽车和房子。直到1986年我发现了房车。

我从以前的这些DIY项目中吸取了经验，本书介绍的几种技术借鉴了我的第一手经验。但是，需要强调的是，你不需要掌握所有的技能来改装一个房车。你也不需要一个装备精良的车间。任何超出你的技能和资源的工作都应该委托给专业的制造商完成。这并不会削弱你的成就感。成

技术贴

改装注意事项

- **外壳**: 大多数自建者发现买来的车外壳通常都不匹配, 可能是原来面包车用于装货的车厢, 或是安装在驾驶室的GRP隔间。 这类项目要记住一点内部的曲线和角度(与车身吻合)可能会比较耗时和困难, 大多数车子的外壳, 结构上使用扁平黏合侧壁不会出现这种问题。造船工人在装备船舱时也面临类似的挑战。
- **车身**: 如果能买到第12页展示的黏合夹层板是可行的。但会很艰难, 一些自建者用

木材搭建框架, 然后在内部用胶合板覆盖, 在芯部放置隔热材料并使用黏合密封剂将铝板黏合在外面。

另外一些人购买严重损坏的车身部件进行全面翻新, 特别是已被注销保险的车型。

注意: 此信息仅用于读者拓展阅读。同样, 提供的关于制造商进行货车改装和旅行房车建造的简要说明也仅用作背景介绍。后面的章节将为业余房车自建者提供指导, 并通过照片分步骤提供参考。

功的DIY爱好者很少自己做所有事情。正是这样, 专业的改装者也会常常购买提前做好的组件。室内装饰就是一个很好的例子, 橱柜和门通常从意大利进口。

追求个性

刚开始自建房车是出于经济状况考虑, 后来更多是出于对自建房车的兴趣。展会上展出的几百辆有着闪亮外表的房车, 尽管可以购买, 但没有一辆符合我的标准。我不是唯一有这种感觉的人, 许多房车自建者都有同感。

对个性的追求可以以各种方式表现出来; 将双层公交车和军用车改装成舒适的

房车, 从此开辟了一个全新的领域, 有时候结果出人意料, 正如图片展示的那样好。

注意: 在房车自建者俱乐部网站上有大量关于自建房车案例的相关评论, 你可以登录俱乐部网站查找: www.sbmcc.co.uk。

另一方面, 买来的房车往往缺少创新。在看了诸多杂志上刊登的房车试用体验文章后, 我非常肯定有些房车确实很棒, 但是有些设计真的很差。这引出了一个问题: 这些创作者是否曾将他们的理论用于露营地? 改装标准各不相同, 劣质配件比比皆是。尽管DIY爱好者并不总能取得完美的成果, 但他们是创新的、勤奋的工匠, 他们不必紧跟流水线着急赶工。

左下图: 当你改装自己的度假房车时, 可以实现个性化, 很多人都喜欢这样的挑战。

下图: 进入这辆车迎来超多惊喜。它有一套华丽的内饰和一个宽敞的驾驶室, 有床, 还有一套设备齐全的厨房。

制造商如何改装面包车

改装轻型商用厢式车的价格往往高得惊人。因为改装没有快速的办法——时间就是金钱。车的内部很少有空间允许两个以上的工人同时工作。虽然预组装的家具组件可以在木工车间先完成，然后安装在车辆中，但是就算这样做也节省不了多少时间。

前五张插图显示了Bilbo的面包车改装过程。Bilbo是来自萨里郡，是一家屡获殊荣的房车制造商，其工艺质量得到了很好的肯定。

1. Bilbo 的产品是一款天蓝色带有智能上升屋顶的露营车，与大多数同类型制造商的产品一样，采用大众基础车型改装。

2. 改装面包车的首要任务之一是隔离和整理室内。将这种轻质、柔韧的地毯一样的材料用黏合剂分别固定在合适位置。

3. 按照计划将所有预留出来的需要安装电缆的地方，依据电缆的长度辅设管道。

专业的施工技术

在某些人的眼中，不应鼓励DIY项目。但这并没有阻止Siddle Cook改装自己的旅行房车。然后就有朋友也让他帮忙改装房车，于是他有了这项兼职。他把自己的名字倒转，作为自己公司的名称，这就是Elddis的由来。

在房车界还有类似事情。Calveley Trevelyan在1959年成功改装了一辆Austin J2面包车，用于全家度假旅行，然后受到启发，一步步改装。1961，当别人开始对他完成的产品表现出兴趣时，他已经创建了一家名为Auto-Sleepers的公司。这个名字如今在英国很有名气，而且Auto-Sleepers的房车是值得留意的产品。这样的小型创业改装公司不可小觑。

我们互相学习，这样能够非常有效地学习到专业房车的改装方式。文中的照片显示了正在改装的厢式车改装方案，揭示了专业改装者采用的方法。唯一要记住的是，工厂改装的房车关注的是高产量，而自建者则可以采用不那么匆忙的方法。

概要

如前文所述，房车有许多不同类型，如果本书仅专注于某一种类型的自建项

（图 6-9）显示了 Middlesex 如何在面包车改装中加装高车顶。该公司将这些车顶安装在大众车型上，如 Matrix，这也适合 DIY 时的"一步到位"车顶安装。

4. 像 Bilbo 这样经验丰富的改装者，会先在车间单独组装家具，之后再安装到车内。

6. 在安装高顶之前，用钢结构件加固各部分，并按照大众规定的程序安装，这非常重要。

8. 将胶合板垫黏合到天花板和 25mm x25mm 规格的板条上，在窗口周围和屋顶的侧面黏合。

5. 这组厨房套件的后期安装已预先完成，以便贴合大众面包车车内侧壁使用。

7. 准备好一个 Seitz S4 框架窗口（详见第 8 章和第 9 章），在 GRP 结构上切割出一个孔。

9. 结束之前，将床板上铺的材料分块固定在板条之间，3 毫米的厚度适合与织物配合使用。

目，那将是无益的。因此，不要选择一条道走到底，本手册提供多种车辆类型改装指南。为了更好地指导改装，文中列举了不同项目的示例，并附有大量分布操作的图片。但是，任何手册都不能囊括所有车型的改装方法，尤其是展示的案例要体现改装者的技巧和方法。

注意： 我有时能收到读者来信，询问是否可以购买改装图纸，能够附上改装分步指南。

坦率地说，这种方法过于老套。况且如果要事事亲为，那可能有点过了，改装房车不像绘画那么简单。

本书中，你将看到《房车手册》（第 3 版，Haynes 出版社）中对支持材料的引用。本书将重点关注特定主题，包括：

- 房车维修
- 底盘，悬架，牵引和轮胎
- 供气系统和供暖设备
- 供水和废物系统
- 冰箱和居住服务
- 冬季策略

以上内容与《房车手册》有所重复，但本书更着重于施工改装过程。比如冰箱问题在《房车手册》就简略些。

制造商如何改装底盘加装式房车

你可以用差不多的价格买一辆比厢式车改装房车大得多的底盘加装式房车，这是因为采用流水化生产施工方法省时省力。例如，车身外壳有时候会等家具安装在地板上之后再加装（译者注：从里到外的加装顺序），这就意味着宽敞的空间允许好几个人同时专心于自己的安装任务，而不会互相影响。

前五张照片展示了达勒姆郡Elddis工厂正在进行的工作。图片展示正在改装的是一辆指南者先锋200型房车，非常好看，且装备精良。

1. 即使房车外部和窗户还没有完工，但它的独特形状已经很明显。

2. 改装工作开始：一个黏合夹层地板固定在标致生产的底盘上，玻璃纤维构件安装在修剪过的驾驶室上。

3. 在工厂选择一块合适的地方组装车身的板材。它们由刚性聚苯乙烯泡沫塑料加上黏合在外面的铝皮和内侧的装饰胶合板衬里制成。

4. 当黏合侧壁时，将镀锌板放置在夹层内，这样可以为安装家具提供固定点。

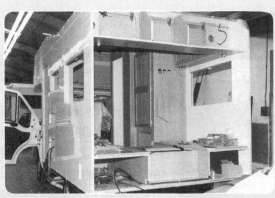

5. 将侧壁和天花板组装好放在地上，最后再安装后壁。这样有利于多个人同时安装家具。

以下四张照片展示了 Auto-Trail 如何用另一种方式改装精美房车。

6. 从 Auto-Trail 工厂的这张照片来看，显然是采用分批量生产的方式，但内部的构造和木质装潢却十分显眼。

7. 内部家具采用了特殊的可移动底座，平坦的表面和各对准点，使得各部件衔接紧密。

8. 这辆房车已经安装了家电，管道和电线已经布好。然后我们会用起重机将整个总成吊装到车厢地板上。

9. 当总成被放到准确的位置，开始组装车厢，然后加装 GRP 一体式车顶。一体式车顶没有连接零件，增加了房车对天气的耐受度。

现实

改装房车的想法很有吸引力, 但真正动手又会怎样呢?

前一章我们提到了几个不同的房车类型, 以及自己动手改装房车的乐趣。另外介绍了改装步骤, 用插图的形式列举了制造商生产房车的方法。

很显然DIY改装者们在改装房车时和专业的制造商必然有所不同。而且, 想要DIY改装房车的人必须要清楚DIY有好有坏, 本文坦率地提供了一些重要提示。

成本问题

成本是自建房车大多会遇到的一个问题, 遗憾的是, 我们没有简单的成本计算公式提供给大家, 不过以下有案例参照, 希望为大家提供有用的建议。以下颇费心思地为大家展示了四种典型的房车案例。

案例一: 1986年, 本书作者决定买一辆"星际争霸"房车套件。从实际结果看, 这是一次信念上的飞跃, 潜在客户将注意到当时的起步价格在850英镑左右。 但这才刚刚开始, 这只是买底盘和支架的费用。接下来就要花费1145英镑购买车身组件, 包括七个未经剪裁的GRP（玻璃纤维增强塑料）车身板, 五块玻璃纤维板带橡胶环绕组成。如购买全套车身组件则需要1995英镑。

接下来客户要去寻找和购买一辆二手的福特Cortina车型, 包括发动机、驾驶室和行驶装置等, 还需要两个拖车架用于支撑第五和第六个轮子。

最后我以600英镑的价格买了一辆老福特Cortina, 到完全改装成房车总共花费了大概4000英镑。就目前的市场价估计, 一辆Starcraft露营车大概在7500英镑左右。车上安装的配件有燃气灶、室内暖风机、快速加热热水器, 冰箱、牵引杆、车顶行李架、钢制保险杠等。

正常使用十年后, 1999年它以3750英镑的价格被出售。直到2010年, 据了解, 它的第四任车主正在对它进行翻新, 它仍然可以正常使用。正如所料, 它的GRP车身板维护良好, 虽然这些组件已不太好买到, 但有时二手件还是可以买得到的。

从成本角度来说, 本文介绍的是一种较为经济的改装星际争霸车型的方法, 尽管这种车型一般不适用于DIY改装。关于这个案例的更多信息将在第3章介绍。

案例二: 这个案例中, 房车自建者通过当地报纸的分类广告获取信息, 以"清仓价"购买到了老式雷诺Trafic运菜车。不太巧的是购买者是位被迫提前退休的人, 这意味着他将没有钱为房车配置新的冰箱、灶台、水槽等。不过, 他完成了一辆很老的旅行房车改装, 为我们提供了参考案例。

他决定将原来的装置完全拆除, 重新

星际争霸改装服务套装已不再提供, 但其产品仍以适中的价格在转手。 文中给出了使用目前的价格估算的改装成本。

技术贴

拥有一辆自己改装的房车可以带来很多好处，虽然它并不总是对你有利。 以下是一些需要考虑的要点：

优点

- 只有自行设计的房车才有可能满足你的所有个性化需求。
- 你的设计才能和技巧都可以实现。
- 你可以设计心目中理想的内部布局。
- 室内造型、颜色和室内装潢的选择可以满足你的需求。

一些自建者选择简单的颜色配以极少的装饰，而有些人则喜欢传统的花卉图案的面料。像这些样品一样，替代性的设计方案可以由专业的室内装饰公司代劳。

- 可以在每一个阶段控制成本，改装过程中将款项分期支付。
- 如果你发现资金不足，可以把升级室内电器和配件放在后面。
- 对于你非常熟悉的车辆而言，后续的维护和维修不那么令人生畏。
- 有一种巨大的完成一个项目的成就感。
- 自建者不必承担制造商那样大的成本，例如广告支出、营销策略、工资和工厂管理费用等。

劣势

- 本地的DIY商店很少提供房车的结构改装工作所需的轻质材料。
- 通常很难得到一些房车部件和特定材料。但是，第10章"材料选择"提供了有用的信息。

房车中使用的许多固定装置和配件不在本地DIY商店出售。 有关供应商的建议见第10章。

- 一些DIY改装者，没有意识到欧洲标准、规范和指令中规定的重要安全要素。附录中提醒你注意需要遵守的事项。
- 创造和热情使得一些房车改装者出现疏忽。在选择基础车辆时特别需要注意允许的最大载荷和最大轴重等数据。超过车辆制造商规定的限制是违法行为，可能面临被起诉。此外，超载车辆上路非常危险。第6章中对于这方面提供了重要的指导。

在整个房车改装项目中，必须牢记车辆的各种重量限制，这将在后面解释。

- 有时很难找到愿意接受改装房车投保的保险公司。然而，最后一章，会指导解决这个问题。
- 立法变得越来越严格，改装者享有的自由可能受到越来越多的限制。
- 如果房车的设计与传统车辆非常不同，一些房屋的业主可能不愿意让车主将车停进车库。

在小型露营地上可能不允许使用大型或不寻常的自建车辆，例如经过改装的移动图书馆或退役的维修货车。

- 如果基础车辆在施工过程中发生变化，则完成的房车可能必须通过个人车辆批准（IVA）要求。本书介绍了更新版的车辆批准（SVA）检验测试，并在附录中进行过讨论。
- 出售或交易自建的房车通常不像销售专业改装的车型那么容易。

在这个经费有限的房车改装案例中，一辆快报废的面包车被成功装上了家具和家电，改装成了一辆房车。

修整了设备，随后将床、家具，室内装潢和电器安装在车里。当改装完工后，再重新对车辆进行喷涂，并打造了一个舒服的驾驶室，总共花费了大概6250英镑。这证明了实际上不需要花费太多我们也可以改装一辆房车。

案例三：与前两个介绍的房车案例相比，本书第9章介绍的DIY案例是改装一辆低成本房车的标准程序。它用了很多特殊的材料，并使用了新的菲亚特Ducato 2.8 Turbo柴油机车型的驾驶室作为基础。

在2003年完成时，其最终的成本（包括许多高品质配件）是34000英镑。当时装有类似设备和非标准的选装配置的专业车辆通常需要花费48000~50000英镑。

案例四：第8章中描述的用大众T5柴油面包车改装的房车是基于2010年购买的2006款车型。该车具有完整的维修记录，成本为9395英镑（包括增值税）。它在2011年加装了优质的内部配件，包括压缩机冰箱和新的升降车顶，但既没有热水器也没有暖风机。日后经费充足后又增加了供暖设备。

改装后车辆的总花费为18250英镑，而2011年的二手车售价约为22500英镑。

注意：这四个案例解释了房车改装的花费可能无法预估，它取决于施工办法、车辆规格以及改装者。你可以设置预算，确定目标，然后根据目标"削减支出"。

随买随改

改装工作可以持续数月甚至更长时间，而自建的好处之一就是你不一定需要

尽管这辆房车的外壳已经快不行了，但一辆花费不少的新的房车正在改装中。

从头开始筹集所有资金。只要你有足够的起步资金，你就可以"随买随改"。这种情况下不需要贷款，也就不用向提供贷款的金融机构支付利息。

此外，在改装工作完成之前，你有时可以使用车辆，同时也可以继续积攒用于改装的经费。例如，在你的车辆中安装精致的冰箱并不是必需的。一些露营地也会提供冰箱/冰柜设施，在温暖的欧洲大陆部分地区，许多地方都有制冰机。因此，在可用资金到位之前，可以推迟购买价值数百英镑的设备。同样，如果你是在夏季开始使用，你可能不需要在起居空间使用暖风系统。这是另一个可以在今后增加的装置。

当然，如果没有冰箱和暖风机的生活前景似乎完全无法忍受，你可以考虑回收从旧车上拆卸下来的装置。这就是上述案例二中的情形，从旧车上回收的老式冰箱很好用，因此从未买过新冰箱。

不要以为这种随买随改的想法只是适用于房车自建者，一些小企业也采用类似的方法。白金汉宫郡布莱奇利镇的Young Conversions称这是一项"半包改装"服务。要说这是一个自建房车的例子倒不如说是房车管理的例子。它的工作流程如下。

从一开始，客户就对房车改装者描述了他想要的房车的样子，并注意到了所提出的车辆的规格。该公司的合伙人Mike Young听后汇总了一个"一揽子计划"。由不同的改装任务组成，每个任务代表改装的特定"阶段"。

例如，第一阶段可能包括安装高顶，以及安装双层玻璃窗和增加木地板。在这个阶段完成后，车辆加上适当的保险完全可以合法地用作运输工具。第二阶段可能涉及床、座椅和家具套件的安装。第三阶段可以专注于电器，涉及安装冰箱、炉灶

和烤架。第四阶段可能侧重于供水系统、水槽、洗脸盆和厕所的安装。第五阶段则是最后的完成工作。

进一步举例说明，如果总改装操作的价格是15000英镑，这笔金额将分解为每个阶段的具体成本。报价有效期为12个月。

如果项目延伸到第二年，接下来的每个阶段就会产生小额启动费，会考虑到材料价格上涨以及需要时间重新搭建已被搁置的建造装置这一事实。

找到一辆好的二手厢式车可能需要很长时间，这款大众 T5 也不例外。维护良好的二手车通常非常昂贵。

布莱奇利附近 Young Conversions 公司的工作人员举行开放日活动，展示他们的工作实例，并讨论诸如随买随建改装套餐等计划。

拟议的一揽子计划在一开始就需要进行沟通,总是有回旋的余地。例如,一些客户可能希望分5次单独支付施工费用,中途可以休息;而其他人可能希望在早春的"一击"中完成第一阶段和第二阶段,以便部分完成配有睡眠装置的房车可以在夏季使用。随后,客户可能会找到更多资金来支持冬季的改装作业,从而在最后一次操作中处理剩余的三个阶段。

这种分期付款的方式可以带来巨大的好处,特别是如果它可以使潜在的消费者推迟甚至避免向银行贷款。然而,这种方法需要保险公司的理解和批准。

改装需要多长时间

每辆房车改装所花费的时间都不相同。例如,上面的案例二中,改装者和他的妻子已经提前退休,房车改装从6月开始,在漫长的夏日改装很少中断,除非遇到恶劣的天气,忙碌了12周之后完成了房车改装。

案例一和案例三反映了不同的情况。例如,作者从事全职工作,这意味着改装房车的时间可能由很多不那么合适的碎片时间和周末完成,并且还受天气影响。那辆"星际争霸"花了两年时间才完成,很明显,想要装配一个高标准的又有特点的内部装置可能会非常费时。事实上,在泥瓦匠和水管工的帮助下,我之前已经完成了一个四居室的自建房屋,花费改装那辆房车一半的时间。

如果两年听起来很长,那么案例三更是延长到了四年。 实际上并不是名为Mystique的房车花费了四年才建成,而是在GRP车身被安装在菲亚特Maxi底盘上之后,过了几周,由于车辆在没有窗户和家具的情况下被粗暴地停在户外,这种感觉就像在一个GRP的帐篷里露营一样,艰苦的时刻让人心旷神怡。

这个项目产生延误还因为车辆被几个组件制造商用作试验台。例如,它是第一辆配备Eberspächer燃油加热系统和热

如果你在寻找用于改装成房车的车辆时遇到困难,类似 Middlesex Motorcaravans 这样的小公司可以帮你找到合适的车辆。

水器的英国制造的房车。柴油燃料由车辆油箱供应。柴油加热系统之前在船只和长途货车上的安装已获得批准，后来也成为房车上原来燃气设备的替代品。实验不可避免地需要时间来完成，但与组件制造商合作的机会完全符合设计师的目标——改装一辆与众不同的房车。截止日期并不是问题。

案例四与其他都不同。例如，寻找一辆合适的二手大众T5面包车花了将近一年的时间，这是一个经常遇到的问题。改装开始后，所有的施工任务都经过精心处理，没有什么是在匆忙的情况下进行的。完成任务还包括订购一些专业制作的室内装饰件。但容易忽略了这样一个事实，即面包车室内装潢专家会遇到导致延误的季节性压力。最后，装修项目耗时超过12个月。

由于这里描述的四个DIY项目从开始到结束短则12周，最长到4年，很明显想要预估时间并不容易。

后来我才知道我们从来没有无风、无飞虫、无尘的夏日，漆面当然不如预期的好。现在喷漆工作在本地的一个自动喷漆车间完成，但我需要自己进行一些准备和遮盖工作。

至于改装一辆房车所需的空间，显然不要让邻居感到不安。在一些开放式住宅区内，居民守则不允许停放房车，像这样的情况需要提前弄清楚。

许多车主使用基本的手动工具装配车辆，但想要准确性和速度更快，可以通过小型台锯等工具实现。

空间和设备

在空间和设备问题上，我们都意识到有一个配备机器和手动工具的暖和的室内车间是多么有用！

遗憾的是，很少有自建者拥有这样的资源。我们大多数人在户外工作，只关注天气。

至于所需的工具，这取决于你是否打算自己解决问题。例如，如果你对木工感兴趣，你可能已经拥有了几台便携式手动工具。如果你可以使用紧凑型精密台锯等设备，那么对整体精度和施工速度肯定会有所帮助。

实际上，我们的工具包与专业人员的工具包完全不同。举例来说，我购买的DIY压缩机喷漆设备是在无风、无飞虫、无尘的夏日使用，用于给车身喷漆。

技术贴

进一步的帮助来源

发表在房车杂志上的试用报告是一个有用的资料来源，Motorcaravan and Motorhome Monthly（MMM）和Practcal Motorhome这两种杂志尤其详细。同样，如果你决定翻新旧的房车而不是新改装一个，那么只需要联系车主俱乐部获取建议。它们的地址定期在杂志上发表。

房车俱乐部是另一个信息来源，Camping&Caravanning Club 和 The Caravan Club都提供免费的技术资料给会员。然而，这两个房车俱乐部都不鼓励房车DIY自建。

但如果你加入自建房车俱乐部，肯定不是这种情况，其热闹的论坛是会员值得经常访问的地方。更多信息可从俱乐部网站获得：www.sbmcc.co.uk。

专门做车辆内饰的公司，如布里斯托尔的房车座套中心，为房车车主提供了许多款式的成套产品。

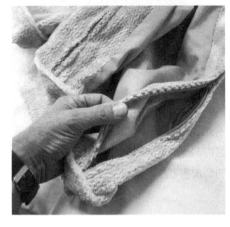

为了保护或改变现有内饰件的外观，可以像这个例子那样订购带拉链的座套。

专业支持和建议

在开展一项重大建设项目时，需要很多帮助和指导。提醒注意几个有用的建议来源。

在开篇章节中也指出，经常需要寻求熟练的专业人员的帮助。自建者不可能熟练掌握改装一辆房车的每一项操作，在后面的章节中将再次提到，不具备资质的人员不得进行安全关键设备的操作，例如安装燃气系统。

最好找一个室内装潢专家做搭档。例如，英国所有主要的房车制造商目前都会直接购买成套的室内装潢用品。除非你会工业缝纫机，否则你不太可能做得出座垫或其他布艺装饰件。事实上，许多自建房车项目都被DIY室内装潢所破坏，理由十分显而易见。 当然，定制装潢产品的价格昂贵，如果你的预算紧张，请留意在户外展会上出售的剩余物品。房车转让者有时也会出售软装饰品，而且一些装饰品也不是很旧。不要忘记，一些被保险理赔人员视为"报废"的事故损坏的厢式车的装饰品通常都是新的。

另外请注意，可以订购类似窗帘的物品来隐藏不合适的织物，窗帘等物品可以在家用缝纫机上制作。一些修剪操作也可以由DIY爱好者进行，使用薄泡沫材料，外面覆盖织物，通过黏合剂和钉枪来制造装饰性衬垫面板并不困难。 插图展示了一个小面板，还有一些小的物件。

然而，除此之外，改装工作没那么容易。 准备成型泡沫并用高质量的面料覆盖它是室内装潢的步骤，但业余爱好者不太可能会成功。

同样，强烈建议只有经验丰富的工程师才能进行底盘的改装操作。例如，一些房车想要牵引拖车，这意味着需要牵引杆。 令大多数车主惊讶的是，一些专业制造商制造的车身不能安装牵引杆，即使是专为特定车型设计的牵引杆，一旦转换为在露营车上使用，就无法安装。这是因为地板下的水箱等物品经常遮挡指定的安装点。

牵引杆的使用也有法律限制，牵引杆认证和安装的说明在附录中有解释，安装也不复杂。这本来是一个简单的操作，但现在的车辆布线和电子控制系统的出现使得这项工作必须由合格的电工来完成。

总而言之，这些是不合格的业余改装者不应解决的改装任务的几个例子。然而，正如后面章节所述，你还有许多其他机会参与改装工作。

易于实现的修整工作

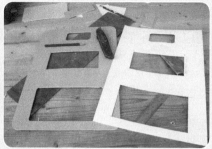 

虽然室内装潢工作超出了许多人的能力范围但制作装饰板却很容易。按照上图模板从面板上切割下 3 毫米厚的夹板。

再用座垫的材料做出同样形状的外层，并用黏合剂涂覆表面。

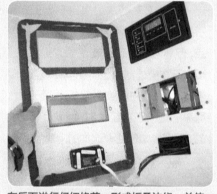 

在反面进行仔细修剪，形成折叠边缘，并使用黏合剂固定。现在必须将这些电气部件固定在这个新面板上。

主要的 12V 控制面板和灯开关，还包括一个太阳能电池板监控设备。面料与座椅完美匹配。

使用轻型商用车改装的旧房车不需要满足车型认证的要求，可以配备定制的、非认证的牵引杆。

策略

改装房车可以采用各种不同的方法。以下策略可供自建者选择。

前一章讨论了施工时间范围和成本考虑因素,两者都很重要。还提到了DIY房车的人经常需要外部帮助的事实,就像专业制造商的情况一样。例如,许多知名品牌也会"购买"底盘部件,以及软垫、驾驶室座椅、软装饰品、塑料制品和预制门,用于房车内部,然后组装。这是改装房车的合理方式。

此外,项目设计者和构造者需要有关实践和过程的广泛知识。毕竟,目标是要改装一辆能够上路安全行驶的房车,还需要安全和舒适的生活空间。还必须清楚地了解供水设计、电路、燃气系统、供暖和冷藏。有关所有这些要素的信息将在后面的章节中提供。

一旦获得了基本的知识,自建者就可以决定自己准备解决哪些工作以及哪些工作需要外部帮助。做出这个决定之后,现在是时候了解一下能够提供服务的专家了。同样,参考不同类型的房车改装者所采用的各种策略是个好主意。

技术术语

在比较不同的改装策略时,业余改装者会遇到许多技术术语,了解它们的含义非常重要。本章有意通过正确的名称指代组件,这比较合适,因为一些描述性术语,如"塑料"这个词,不仅太模糊,而且经常被误解。因此,请查看附带的描述不同类型塑料部件的技术说明,以测试你的知识。我们建议你这样做,因为像GRP(玻璃钢)这样的专业词会被经常使用,而整本书中对建造策略描述中还会经常提到ABS(丙烯腈-丁二烯-苯乙烯)。

策略1:翻新旧车型

一些潜在的车主决定翻新旧车型而不是从头开始改装房车。这个策略有其优点,但你可能遇到困难。例如,你可能会发现在旧车型外部的塑料成型件破损严重,想找到合适的替换件只能徒劳无功。当房车制造商不再经营时,问题变得尤为严重。那么你如何处理这样的问题呢?

如果你无法获得车身面板或塑料成型件,像V&G,或GFL这样的公司可以提供后援。这些专业公司可以修复严重损坏的塑料部件,有时可以重建复制品。让我们假设一个ABS塑料侧裙严重分裂到超出正常修复能力的程度,这些公司将创建一个GRP模具,使用这种模具制造复制件,修剪尺寸并使用颜色匹配的涂料涂覆,最后的效果看起来非常好。

在很多情况下,室内组件同样可以用重新创建的复制品替换,你可以"按订单生成"。像淋浴盆、模压浴缸或塑料厨房水槽都可以用GRP建造,替换破裂的原件。V&G或GFL做的复制品往往比原件还好。

如果你赞成翻新现有的房车而不是从头开始改装所有东西的想法,在购买之前请获取有工程师证明的关于发动机、悬架和行驶系统状况的报告。

同时,请注意如果内部有潮湿的迹象,可能会导致额外的修复和重建工作。这个问题在老旧车辆上尤为普遍。因此,在购买之前彻底检查车身受潮程度是明智

技术贴

塑料类型和制造细节：

- 房车经常使用GRP组件，无论内部或外部。该术语代表"玻璃纤维增强塑料"，许多人会使用不太精确的术语"玻璃纤维"和"玻璃钢"。

在车身制造上，通常采用外包式的制成品，Auto-Trail 的 GRP 产品特别好。

- 经常用于车辆的一种塑料被恰当地描述为"丙烯腈-丁二烯-苯乙烯"，根据多数人的标准，这就是一个绕口令。因此在我们的环境中，它被称为"ABS"。

- 某些类型的GRP以片材形式创建，并且几个车身制造商提供预先着色的外部车身板这种材料。它是铝板覆层的另一种类型，经验丰富的人员可以使用聚氨酯树脂和填料进行局部事故修复。

- 尽管GRP板有时用于包覆车身部分，但大多数GRP和ABS用于制造曲面轮廓部件而不是平板。这些通常在模具中产生，当从模具中取出完成的部件时，该产品被称为模制件。

- ABS和GRP模制件都具有光泽的表面，并且材料经常被预先着色，以便以后不需要涂漆。GRP

很容易识别，因为它反面通常表面粗糙。相比之下，ABS在正面和背面都光滑。

将手指在部件的反面揉搓可以知道它是用 ABS 塑料还是 GRP 制成的。

- 有时ABS或GRP成型的表面会有纹理。例如，许多轻型商用车上的保险杠。

- ABS和GRP模制件如果分裂或表面受到损坏，都可以进行修复。虽然修复程序类似，但是涉及的化学产品完全不同。此外，许多行业的人都能够修复GRP模制件，包括造船工人、车身修理工和房车专家。即使严重损坏的外部面板也可以修复或重新制造。不幸的是，很少有车身维修人员愿意去处理ABS，而宁愿安装更换部件，这通常非常昂贵。

一个悬垂的树权损坏了这个 SwiftKonTiki 的 GRP 屋顶，但是经验丰富的工人可以修复这一部分。

尽管可以修复这样的 ABS 塑料成型件，但大多数车身专家都选择使用新的部件。

订购新的 ABS 组件可能会有很长的交货延迟，例如这种后灯外壳，而且物品通常很昂贵。

- 在房车上，GRP通常用于驾驶室顶部和大型单体式屋顶。在厢式车改装中，GRP同样用于高屋顶。至于后灯、车轮间隙和后灯周围的整流罩，两种材料都可以用，不过越来越多的制造商现在选择ABS模制件。在室内大致相同，例如，淋浴盆更可能由ABS塑料制成，尽管层压良好且较厚的GRP沐浴盆通常更坚固。

- 关于汽车制造商制造的不再存放的替换塑料部件的内容在后面会提到，主要用于重建项目。第14章中也提供了关于使用塑料的更详细的指导。

复制模具

ABS 材料的浴缸损坏，首先需要请 GFL 公司的修理人员进行修理，或者用原来浴缸当模具重新做一个。

改装旧房车的人可以了解一下：普雷斯顿附近，有数十个模具厂家可以做这样的浴盆。

如果需要特定的 GRP 组件，V&G 公司可以提供给你需要的模具。

这种 GRP 材质的后轮拱现在已在 V&G 公司做好，接下来将会完成第二个。

如果想要找一辆旧车进行改装，比如 1987 年的 Holdsworth 面包车，请获得具有工程师证明的关于发动机和行驶系统合格的报告。

的。然后你再考虑整个改装过程本身需要多少注意力。

关于如何翻新与重建一辆房车，更多信息请参阅第7章。

底盘加装房车类型有时会漏水，因此如果你计划翻新旧车，请进行潮湿测试。

上图：为残疾乘客安装安全座椅是一项专业操作，Young Conversions 将为客户提供安全座椅。

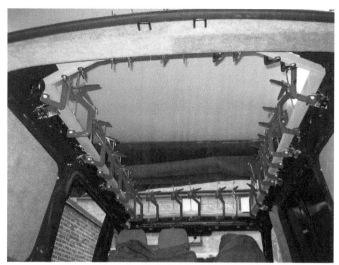

右上图：如果厢式车配有高顶或升降的车顶，那就必须使用其制造商规定的钢框架进行加固。

策略2：其中一部分交给专家

在英国，许多专业改装者参与了大众汽车的房车改装项目。大型制造商包括Auto-Sleepers、Auto-Trail、Autocruise、Bailey、Elddis和SwiftGroup，它们每年生产成百上千辆房车。与此形成鲜明对比的是，也有小公司每年只生产不超过12辆房车，这些不以数量取胜的专业改装者对自建者来说尤其重要。

一些小公司经常帮助DIY改装者完成其安装中十分具有挑战性的部分，他们将能够提供的服务刊登在房车杂志上做广告。有关安全的关键性工作，例如改装厢式车时额外安装座位，这些最好委托给专家来做。安装适合残疾乘客的座椅也是如此。

一些定制和小的房车改装公司也提供"部分"安装服务。这些服务非常有价值，因此有必要时可以与Rainbow Conversions、Leisuredrive FG和Magnum Mobiles等公司取得联系。

安全警告

最近发生了几起事故，都是GRP高车顶模制件在车辆行驶时与车厢的车顶部分分离。根据之后的调查显示，原因是安装人员没有按车辆制造商的规定添加车顶加强部件。此外，一些安装人员未能使用正确的黏合密封剂将新的模制件与车辆本身连接紧密。

同时还发现，一些"无良奸商"利用低价网站吸引客户，这些网站的价格远低于其他知名面包车制造商的价格。很明显，大家应该花时间了解车顶改装安装人员的车间设施、公司背景、改装过程，并尽可能了解此前客户的评价。

Middlesex 房车公司在安装这种新型屋顶时，用了一个加固支架和高质量的黏合剂。

上图：Middlesex房车公司安装了一个新的升降车顶。这款由二手大众面包车改装而成的房车，装有绝缘衬里，但车里面是空的。

右上图：车里安装了主要的布线通道，因此可以自行安装家具、电器和供给系统。

像Middlesex房车公司、Young Conversions房车改装公司，以及其他几十个公司都能够完成你完成不了的任务。

当然，改装房车时需要帮助的程度各不相同，你需要和尽可能多的专家讨论你的要求。例如，你可能只想要给房车装上GRP高车顶，那么好几家小的房车公司就可以帮你做到这一点。再例如，你想要安装升降式车顶，那么很少有公司能提供这项服务，只有Concept Multi-Car和Middlesex房车公司能够做到。

Middlesex房车公司采用的一种"半包式改装"的方式出售二手的大众T5面包车，它采用绝缘衬里，配有高车顶和基本的12V/230V接线电路。除此之外，车内部是空的，使购买者能够自己设计和布局，适合安装烹饪器具、家具和起居设施。这种半包式策略已被证明很受欢迎，这些房车的样品在户外展览中很快就销售一空。事实上，对于一些自建者而言，面包车改装的严峻性太令人生畏了，而购买一辆半包式改装房车则符合他们之前的预想。

策略3：自建套件

另一种拥有房车的途径可以是购买套件安装。在撰写本文时，许多曾经销售过套件包的英国公司已经不再开展业务，尽管它们的产品仍在使用中。

事实上，你可以经常看到它们提供修缮甚至是整个翻新服务的广告。

因此，在这里展示一些细节是合适的，以便读者可以看到这种自建房车方式涉及的改装工作。

首先，可以说"套件"一词经常具有误导性。潜在客户可能会认为套件包含完整的部件，这些部件将带来拼接组装的简便性。并非如此！这恰恰是为什么有人想通过套件改装房车却再也没有完成的原因。

RICKMAN RANCHER套件

最为接近通过组装套件改装房车的案例是Rickman的Rancher。Rickman是两兄弟，包括Don和Derek，他们制造了GRP配件，如车顶厢和整流罩，他们推出了第一款DIY房车套件——Rickman Ranger，类似于4x4的越野车。与福特Escort Mk2的发动机和后轮驱动的行驶装置匹配之后，这算是一个简单的项目。一旦所有的"从其他车辆拆卸下来的部分"都被处理干净并翻新后，作者在短短几个月内就完成了Ranger。

在制作Ranger套件后不久，他们又推出了一个名为Rancher的升级版。它的前部类似于Ranger，但在GRP驾驶室后面是一个大的外壳，设计为露营车。可选项包括GRP储物柜、厨房套件和卧室,供那些对房车内部陈设不熟悉的自建者。

　　总的来说,这是一款绝佳的适合两个人的房车,其改装者可以安装一个经过翻新的福特Escort 1.6L发动机或更强劲的2.0L福特Cortina发动机。

　　GRP外壳与极其坚固的镀锌钢板底盘使这些车辆驾驶起来很舒服。虽然自公司停产以来已经过去了15年多,但Rickman的Rancher仍然经常出现在房车杂志上的销售广告中。有几个仍然在使用并且状况良好,但潜在买家应该意识到这些是装有旧的发动机和行驶装置的DIY装配车辆,如果不能长时间使用并不要太惊讶。GRP驾驶室和车身的一个关键优势是它不会像金属车身那样锈蚀。

上图:Rickman 的 Ranger 和 Rancher 套件都使用了福特 Escort Mk2 的行驶系统。

左图:Rickman Rancher 是一款精心设计的 GRP 车身露营车套件。

左下图:Rancher 内置了各种便利设施,许多型号仍在使用中。

下图:为了加快改装进度,Rickman 提供了许多种 GRP 橱柜,包括灶具。

右图：星际争霸项目是一个具有挑战性的套件包，成品车一定不同寻常。

下图：重新组装了Cortina的行驶系统，成为星际争霸的新底盘。

右上图：分拆后的驾驶室装在新底盘上，GRP面板安装在原来的车门和发动机罩位置。

右图：装载星际争霸的车身主体是一项艰巨的任务，它没有地板，窗户和门。

星际争霸（STARCRAFT）套件

在Rancher之前完成了另一个套件项目，其设计更加激进，而且更难建造，它被称为"星际争霸"（Starcraft）。

这个项目作者花了两年时间才完成，并学到了许多有用的经验教训。这个概念当然有些特别；改装者不得不买一辆福特Cortina Mk IV，然后将其拆开以便使用驾驶室、两个前排座椅、窗风玻璃、前门和仪表板。随后将其安装至钢质底盘上，该底盘配备了Cortina变速器和行驶系统，包括原装悬架、传动轴、后桥、制动器等。

然后用GRP外壳覆盖门的外部面板以掩盖其原始样式。GRP部分也已建成，在重新安装的发动机周围安装了一个大型外壳。向后延伸，必须通过安装一对悬架组件来添加两个不带制动装置的非驱动轮。这些橡胶悬架组件主要用于拖车。

居住区部件未经改装，没有窗户，没有地板和单独的门。不用说，改装者也必须在外部车身壳体上进行大量工作。而且，很多施工人员发现，通过多个角度装配星际争霸房车的内部更难。实际上，困难程度堪比给巡洋舰装客舱。

完成的星际争霸展示了不同的工艺标准，对大多数人来说完成这项DIY工作没有问题。这些房车偶尔会出售，但潜在购买者应该仔细考虑改装标准。后悬架通常在严重过载的状态下运行，那个拖车组件并不是为这种用途而设计的，它可能因过载而失效。

驾驶六轮车在紧急转弯时会出现后部轮胎磨损，这可能会引发悬架问题。此外，六个车轮中只有四个配备了制动器，这在今天制造的六轮车辆中是不允许的。毫不奇怪，制动性能不是这辆车的优势。

尽管存在这些和那些故障，作者的Starcraft（1988年完成）提供了十年的愉快旅行。接下来购买车辆的人又继续用了几年，以体验它所提供的乐趣。然后，在2010年，一位新主人表示，它仍处于运行状态，但已准备好进行大规模整修。

在使用1979年福特Cortina的部件进行房车改装后又使用了22年，这并不令人惊讶。另一方面，具有GRP车身材料的车辆，如Rancher和Starcraft，通常能为用户提供多年的服务。

下图：来自德国的大众 Athano A 级套件在杜塞尔多夫的房车沙龙上展出。

右图：为了帮助自建者，Athano 套件包括可选的自组装家具包。

ATHANO A级套件

另一个自建套件在德国举行的房车沙龙展览会上推出。基于大众厢式车并命名为Athano，它提供了不同的改装阶段的套件。设计巧妙的家具模块可供DIY改装者使用，他们不愿意自己建造储物柜、组合柜。

Athano A级套件包由Pleitner PS Wohnmobil公司向英国客户销售。不确定这款产品是否仍然可以买到，这的确是进入房车世界的一种大胆方式。

总而言之，目前市面上这类提供给自建者的房车套件并不多，因为公路车辆的立法对这类产品产生了重大影响。

策略4：装配组合家具的厢式车

一个不那么有争议的DIY改装策略是改装现有的面包车。虽然没有统计证据，但大多数自建项目很可能都是这种方式。出于这个原因，第8章对这种改装个性化房车的策略进行了详细的介绍。

与此同时，应该指出的是一家德国制造商以开发模块化家具而闻名，这种家具专门设计用于配合不同类型的轻型商用厢式车。因此，任何人都在考虑这种方法。

房车改装者可以获取Reimo公司的产品目录，目录中超过450页是介绍各种附件，还有近100页介绍车辆专用模块化预装配家具单元以及台面，可以适应各种面包车。

这种改装策略让人联想到我们为家庭购买的扁平自组装产品。毫无疑问，它可以为任何不想从头开始建造自己家具的人提供答案。

策略5：改装现有车辆

另一种选择是改装最初建造的车辆以实现不同的功能。创造一个豪华的休闲车，开始生活，毫无疑问，这种项目需要想象力、横向思维，以及不知疲倦的决心和冒险精神。

这是最极端的个性。例子包括改装双层巴士、图书馆货车、监狱车和商用车等。每个都是改装和维护的挑战，下一章将详细介绍已完成的项目。

毫无疑问，以这种方式改装的车辆可以为他们的改装者和所有者带来更多的喜悦。但有一点需要注意。在开篇章节中指出，一些房车营地太小，无法容纳大型改装商用车。

策略6：从零开始改装

在大多数情况下，之前的策略已经引起人们对改装房车的关注，在这些改装过程中，改装者花费大部分时间来做室内装饰。然而，有些项目实际上是从头开始的，特别是那些底盘加建型的项目。这类项目的改装者要面对底盘、整流罩、驾驶室的设计和组装等各种高难度的工作。而这仅仅是个开始。

当然，这可能比改装面包车这样相对容易的任务花费更长的时间。事实上，在前一章中已经介绍了作者的旅行房车项目持续四年多，它肯定比改装星际争霸更难，改装大众面包车需要一年左右的时间。

因此请记住这一点，在以上介绍的这些策略中，从头开始改装是最难的——但也是最有价值的策略之一。

需要完成的工作概述

  鉴于需要考虑不同的改装策略，现在让我们看看需要做哪些事情。当然，这个清单并不适用于每个项目，特别是当你决定对以前使用过的房车进行大规模改装时。但是，对这个长长的工作清单的审查将有助于集中精神。

- 饮用水箱和废水箱需要早点儿安装，在某些型号的房车上，两者都安装在地板下。在另外一些型号的房车上，会在室内安装一个新水箱，以防止冬天结冰。一些车主使用便携式水容器来供水。确定最适合你需求的系统，在第17章详细介绍。

- 在底盘加装车型上，安装驾驶室时可能需要支撑。同样，如果可能进行悬架升级，请在开始项目之前研究此事（见第6章）。还要考虑你喜欢的车门的类型。

- 在安装外壳之前，应安装窗户。无论是面包车改装还是车身改装，规划窗户的精确位置都很重要。从内部方便放置的窗户有时看起来很奇怪（关于窗户安装详见第8章和第9章）。

- 必须特别小心地在生活空间周围添加隔热材料。这有助于在冬天保障室内气温，同时也可以防止生活区在炎热的天气里像烤箱一样（见第12章）。

- 在改装货车时，可能需要在车顶上进行准备工作。在项目刚开始时，会安装高车顶或安装升降车顶系统，也可能有车顶通风设备（见第8章）。

- 在大多数情况下，车辆驾驶室几乎不需要做什么。但是，让它变得更有意义是有道理的，让它成为你的一部分生活空间。这通常可以通过将旋转机构安装到驾驶室座椅上来实现，但请记住，这个机构会提高其高度。高座椅可能会干扰高大的驾驶员的视线，对于短腿的乘客而言，也可能会感到不舒服（见第13章）。

- 在规划阶段，选择蓄电池的位置，并确定在哪里建造储气瓶柜。如果加热和烹饪用具在车辆的一侧而储气瓶在另一侧，则要规划供气管道的路线（见第16章和第17章）。

- 布线需要在处理内饰之前解决。这对蓄电池的位置、

12V充电器/电源单元的位置、230V供电单元和12V熔断控制面板有影响（见第16章）。

- 确定你喜欢的照明类型以及灯泡所在的位置。有些灯会是230V规格吗？12V阅读灯的最佳位置在哪里？还要考虑想在哪里安装13A电源插座（见第16章）。

- 家电的位置和安装需要仔细考虑。检查开关是否不在任何易燃表面旁边。有的冰箱需要安装外部通风口。如果认为有必要，要提前决定安装什么类型的热水器以及安装在哪里（见第8章、第11章和第19章）。

- 水槽、洗脸盆、卫生间和淋浴盆都需要精心规划的管道系统。如果需要更换过滤器，则需要使用水泵。要提前决定使用什么类型的水龙头以及如何将电动泵切换为手动。提前计划新水和废水管道（见第17章和第19章）。

- 存储空间需要仔细考虑。会有外部存储设施吗？地板储物柜？车顶存放？一个或两个自行车的架子？室内存储怎么样？还要考虑小衣柜、抽屉、橱柜、床上用品储物柜和书架（见第13章）。

- 就餐座位怎么样？会有舒适的休息场所吗？那些最重要的床舒服吗？会不会有将休息室改造成卧室时的重大变化？如果床铺整理时不需要一些坐垫，那么晚上你会把它们放在哪里（见第15章）？

- 你对室内装潢和软装饰有清晰的认识吗？靠垫、床垫、窗帘和百叶窗怎么样？穿拖鞋时会有一个带毛绒地毯的生活空间吗？或者地板覆盖物是否必须应对泥泞的靴子或沙滩鞋？

  使用你所需要的要点来核对以上这些关键问题。

  设计房车并不容易，虽然许多自建者急于批评专业建造的产品，但他们很快就会在自己承担工作时发现困难。

对比项目

一些房车自建者采取大胆的步骤改装专用和商用车辆。

比较了不同的改装策略，让我们简单回顾一下"商用车辆"改装过程。事实上，任何涉及改装货车，公共汽车和军用车辆的项目都能够写一本书了。

然而，这些不同的基础车辆仍然必须体现房车的几个基本要素，这将在后面的章节中描述。隔热、睡眠设施、厨房用具、供暖设施、家具及配件等设施在改装巴士以及轻型商用车上同样重要。此外，查看其他自建者的作品也可以揭示你在项目中可能采用的想法。

当最初用于执行其他功能的车辆稍后被改装为房车时，不可避免地存在一些设计限制。从好的方面来说，许多专用车辆（例如移动图书馆）和商用车辆（例如公共汽车）被用于承载重物。考虑到一些车主倾向于让他们的房车超载，这些基础车可能正是能满足他们的需要。当然，还要注意改装者是否符合这些车需要的驾照及准驾车型。

现在让我们看一系列改装实例。

改装救护车

多年来，创新且热情的自建者们一直在将原本的救护车改装成房车。救护车以前携带重型医疗设备意味着它们的载重能

商用车改装指南

这辆由1993年的Optare小巴改装而成的房车来参加自建房车俱乐部（SBMCC）成员组织的集会。

它的内部经过精心改装，成为了非常舒适的房车。

由房车自建者们组成的房车俱乐部的几名成员已着手实施改装公共汽车和大型货车的项目。

他们的工作示例可以在俱乐部的网站（www.sbmcc.co.uk）上看到，完成的车辆被带去参加AGM集会，通常在每年8月下旬举行。了解其中的经验教训的最佳方法之一是与业主交谈，他们中的大多数人都很高兴谈论他们的经历。

这种改装的救护车增加了后置遮阳棚，废水收集在便携式储水罐中。

这是 SBMCC 的几名成员已经改建好的救护车，并掩饰了其原始身份。

力通常很强。在第15章有详细介绍，如果配备轻质家具，那么为车主的个人装备提供足够的有效载荷并不困难。

　　这是一个有用的功能，但原来的救护车的发动机状态如何是需要检查的。此外，一些改装者决定在改装本身上花费时间，如之前提到的对发动机进行大修。毕竟，从前的事故和紧急情况可能会影响动力系统，度假的发生故障是要不惜代价避免的。

　　并非所有类型的医疗车辆都专门用于执行"前线"紧急任务。有些适合于运送老年人和残疾人进行常规医院护理。此外，这种类型的车辆配备有空气悬架系统并不罕见，该空气悬架系统具有高度调节控制装置以便于接载和放下乘客。空气悬架系统将提供非常平稳的行驶。

　　这两项特点都得到了眼光敏锐的房车用户的认可。因此，这些类型的救护车辆经常用于房车改装并不奇怪。

　　虽然以前的救护车的机械部件需要仔细检查，但其车身通常状况良好，维修工作也会频繁进行。另一方面，完成改装的房车通常保留着救护车的外观，即使添加条纹和图形装饰也不太可能隐藏其原始功能。

　　救护车的后门也难以伪装，但至少它们可以自动关闭。后门通道也具有优势，

例如插图里显示的改装案例经过精心设计，增加了遮阳棚。

　　另一个有趣的地方是这两个改装案例都没有配备地板下的废物箱，来自水槽和洗脸盆的废水被收集在便携式容器中。这是简单但有效的安排，无须进行地板下改造。

　　而且，即使室内改装仍在进行中，拥有可在道路上合法行驶的车辆也是一个优势。

改装送货车

　　类似的方法也适用于送货车，许多人已经将以前的商用车变成了大型的房车。例如，老款的奔驰508和608面包车经常被用来改装成房车，不少车辆的性能仍然很好。其中一些车不仅有基本的住宿功能，还拥有用于支持赛车运动爱好者的空间。

　　大型厢式货车肯定提供了足够的空

上图：这辆由1990年的奔驰811D面包车改装的房车是由一对参加了英国摩托车大赛的夫妻完成的。

右图：从外部看它可能就只是一个有棱角的盒子，但棱角有助于在内部安装吊顶和橱柜。

间，这里展示的1990年的奔驰811D面包车是两个爱好者正在进行的改装项目案例，他们的DIY房车支持了他们对摩托车大赛的热情。

许多自建者喜欢这些商用车，因为它们的内部很高，没有必要添加高顶或升降车顶，几乎所有人都有足够的头部空间。此外，它的后桥配有四个车轮，不仅有助于提供良好的承载能力，而且车辆也更有可能应对潮湿路面。

从外面看，它就像是有棱角的盒子，但这让室内装修变得简单，只需要安装吊顶和橱柜。

改装公共汽车和厢式客车

改装公共汽车的好处是它可以用来运输其他车辆，这是一种常用的做法。在车头部分增加简单的住宿空间，就可以进行长途旅行了。

在公共交通工具的基础上改装一辆智能化的房车肯定不容易，但插图中的案例显示，在拍卖会上购买的现代长途小巴可以转换为设备齐全的房车。

它的设计师Mike Parker对房车产业并不陌生，当他25年前完成Starcraft房车套件时，他还开发了用于夜间的遮挡材料，包括露营车的风窗玻璃和驾驶室车窗的盖子等。自那些早期的实验以来，他称之为Silver Screens的产品已成为数千名房车车主的重要配件。Silver Screens不仅有助于减少寒冷冬天的热量损失，当你停在阳光下，它的隔热性能也有助于控制室内温度。

在解决这个公共汽车改装问题之前，Mike曾经改装过一辆监狱车。这个公交车项目特别具有挑战性，因为它的大型窗户非常沉重，不得不拆除，然后将Silver Screens板装在原来的开口上。寻求他人帮助十分必要，前一章中提到的Magnum Mobiles公司进行了大部分内部改装工作。

从公共汽车改装来的大厢房车并不常见，它们令人赏心悦目。但是，对于初学者来说是否可以完成如此大的项目呢？

有些初学者无疑做到了！例如Cornish夫妇，他们带着四个孩子成功改装了一辆大型房车，庞大工作量并没有难倒他们。

他们也是第一次体验房车改装项目，尽管他们之前拥有一辆小型房车，但他们认为大型房车会更好。他们原本打算购买房车，但超出了财务预算，所以决定DIY。帮助他们改装的Nigel和Tina设计了这个案例，为读者提供了深入了解此类房车改装案例的机会。

毫无疑问多改装几辆房车是为了赚钱，尽管Nigel拥有很多种车型改装的经验并且很谦虚，但他之前所说的并不完全正

公交客车改装

这种基本款车型于 2000 年首次注册，三年后在拍卖会上出售。

有色玻璃看起来很漂亮，但它很重，在进行改装时需要换掉，再用钢板替代。

改装好的房车漆成银色，后门和侧门都做了装饰，形成完整的图案。车门附近装开了个小的百叶窗，并不影响乘客上下车。

车后门和后方侧门是原车上的部件，在上面安装了固定床板。

改装实例——移动图书馆车改装

所用时间： 晚上和周末，工作18个月。

这是你的第一辆DIY房车吗？ 是。

改装这个项目的原因： 厌倦了小型房车，有四个小孩，买不起价格过高的专业改装的大型房车。

你会再做吗？ 我发誓再也不会了！不过，说不定哦！

基础车辆信息

车辆： 贝德福德面包车，曾经是莱斯特市议会图书馆车辆。

出厂年代/里程： 1985 / 13.8万km

发动机： 5400mL柴油发动机。

变速器： 手动。

供应来源： Truck Trader杂志分类广告。

费用： 1700英镑加增值税。

选择理由： 地板下面充足的存储空间和改装的后底盘，可以安装大床并在床下留出空间，足够放下两辆摩托车。

施工改装

你做了哪些方面的施工改装？ 都做。

专业人员做了哪些？ 没有。

你平时的工作（以前或现在）是否为你改装房车提供相关用得着的技能？ 不是太多，喜欢就会行动起来，尤其是能省钱的话。

保险： Adrian Flux保险公司。

保险公司是否附加了任何条件？ 没有。

注意： Adrian Flux保险公司在房车改装圈中众所周知，曾为一系列不寻常的车辆提供保险，SBMCC会员也有资格获得折扣价。

小结

不一样的地方： 这个家庭对他们的这辆大型房车里的每一样东西都非常喜欢。如果再来一次，他们可能唯一想要改变的是装配一个餐桌而不是两个沙发。

给可能成为房车自建者的建议： 行动吧，你将为自己所获得的成果和难忘的经历而感到惊喜。即使累到不行，你还是会坚持到底，因为真的很值得。

包括购买基础车辆在内的总成本： 6000英镑（2008年的价格）

右图：1985 年产的莱斯特市议会图书馆车辆以 1700 英镑（不含增值税）的价格购得，记录里程为 13.8 万 km。

右图：这个 DIY 改装项目耗时 18 个月，从车身组装和绘图看得出来经历了一项艰巨的工程。

右图：将驾驶室作为生活区域的一部分，风窗玻璃可以提供巨大的空间感，产生"风景如画"的效果。

右图：改装移动图书馆车辆时，可以使用居家家具，超出承载量的可能性较小。

确。除非你有专业改装房车的相关背景，否则在没有任何专业人士帮助的情况下改装是不明智的，而 Nigel 承认有时候确实会搞砸。

作为自建房车俱乐部（SBMCC）的成员，他说在需要的时候俱乐部给了他"想法、信息和鼓励"。

关于他声称已经完全不需要帮助就能完成所有事情的说法有些令人难以相信。本书的立场是，电气系统应该只能由合格的专业人员处理，在投入使用之前提交专业机构审查，在认证之后，应颁发适当的检验证书。这些内容在后面有关电力和燃气供应系统的章节会详细介绍。

这个房车带了大量的家用装备，这容易引起车辆过载，让人怀疑车子之前是否在地磅上进行过检查。不过改装前的车是一个移动图书馆，这意味着它的承载量应该还可以。不管怎么说，这是一个让人印象深刻的房车，它的号牌也很不错：BIG9859。

改装军用车辆

类似的项目还有改装军用货车。2007年有人以6400英镑的含税价格将这辆贝德福德军用货车买了下来。它已被拆至只剩下底盘，经过彻底检修，以约3万千米的记录里程出售。类似的车辆在2013年1月和标价约为6750英镑加增值税。

这个比较特别的房车的所有者是来自巴恩斯利的西蒙。他在进行这个改装项目之前在加拿大租用了一辆房车进行假期旅行，那次旅行非常圆满，尽管车子由于其设计和做工粗糙有些令人失望。

这证实了作者一直重复的建议，想要购买房车或者自建房车的人在行动前一定要先租一辆房车体验一下，以较低的租金，获得第一手经验，能学到很多东西。

正如西蒙所说，这帮助他下定了自己建造房车的决心。

西蒙在改装他的军用货车时为起居室进行了详细的设计，制定了计划，用于指导之后复杂的工作。如之前提到的那样，大多数自建者需要寻求专业的帮助，正好这时，他遇到了车身方面的专家。平板货车需要一个完整的车身，Highwood Coachbuilders公司拥有建造和安装车身结构的经验，因此从那里委托一位专家完成这项工作十分方便，网站上可以看到建造各阶段的照片（网址：www.bedford-mj.co.uk）。

一般来说，给车辆减重问题不大，只需给厨房安装轻质的炊具。强大的230V、2500WElectrolux Traveller（WTA）发电机匹配了本田发动机。这些信息可以去上面提到的网站查看。

作为养狗人士，西蒙在驾驶时无法阻止狗狗在起居室捣乱，这让他无法安心驾驶，因此，尽管空间并不够大，西蒙还是想办法将驾驶室和起居室两个空间连接起来。外观的涂装由车身改装专家完成，结果非常令人满意。

花了两年时间，西蒙改装了一辆非常特别的休闲房车，内部非常舒适。但不是一切都很完美，购买时拆除了原来军车的牌照，西蒙不希望这样。房车在没有最终改装前，是无法获得MoT证书和新登记牌照，这些都是遗憾。

不过，现实一些的自建者就会知道很少有房车改装项目能在毫无障碍的情况下开展。当房车改装完成以后，西蒙在英国广泛游历，从北部的约翰·奥格罗茨到南部的怀特岛。对于一辆大型房车而言，其柴油消耗量达到15~23L/100km的水平并不会得到夸奖；但对于刚开始并没有以舒适度为出发点改装的房车来说，它竟然提供了无与伦比的舒适感。

左图：改装自军用货车，实现了令人印象深刻的变身。

左图：有了这样一个巨大而坚固的货车，在下面安装一个2500W重型发电机是没有问题的。

左图：一个大冰箱和一个全尺寸的家用灶台，设备齐全的厨房基本搞定。

左下图：这辆曾经的军用货车看起来外观粗犷，但内部的舒适设施值得肯定。

下图：在驾驶室与起居室之间开个洞，以便视觉上能将两者联系在一起。

左图：为了帮助其他改装者考虑类似的改装房车项目，这位车主创建了一个带有插图的网站来展示改装过程。

BT 厢式货车改装案例

左图：这辆 BT 房车由约克郡的一家房车公司完美改装。

上图：在侧面增加新的车门，从而代替原来的后门。

左图：固定住后门，在里面安装休闲沙发，晚上拉开是一张很大的床。

左下图：在驾驶员的一侧，厨房装备包括冰箱、灶台、烤架和水槽。

下图：作为改装工程的一部分，驾驶室的后隔板被拆除，以便直接进入起居室。

用GRP车身改装

多年来，英国电信（BT）的工程师们一直使用的是玻璃钢材质的厢式货车。这些车在英国的道路上非常常见，驾驶室顶部逐渐变窄，这与专门改装的房车有所区别。车两边的轮廓深度有所不同，但水平的褶皱使墙壁具有良好的支撑，除了后门凸出的不锈钢铰链有些"工业化"，让人看起来不太愉快。但是，这些门可以用面板封死，在侧面重新设置车门。

和许多大公司一样，英国电信不断更新这类通常在五年左右里程适度的厢式货车，但也不是全部；旧车会被出售，BT全国连锁分店提供保修服务。

车辆大多会陆续发布，因此私人购买需要等到合适批次。行驶里程为6.4万km的车辆售价约为5000英镑加上增值税。因此，有些私营房车改装商和小规模的房车改装公司乐于将其改装成房车。

当然，购买此类车辆用来改装成房车，有些房车改装者可能不太喜欢这个想法，尤其是那些重复跑短途的车。车辆专家建议，长途使用的高里程车辆通常比短途使用的低里程车辆的机械性能要好一些。重复短途的车辆不只是发动机受损害大，离合器和制动器也会被过度使用。然而，这些制造单体式GRP房车的制造商也为英国天然气公司、邮政快递公司和移动兽医站等机构提供了类似的产品。换句话说，GRP车身适用于不同的车辆类型。

技术贴

无骨架式车身

这个法语单词的字面意思是"单壳"。在航空领域，它用于机身，几乎所有结构载荷都由蒙皮本身承载。

用于汽车的情况下，该术语被用来指代完整的车身外壳，以及用于行驶系统和悬架的固定点，通常称为承载式车身。换句话说，单壳体车辆没有传统意义上的独立的底盘，因为外壳具有满足所有功能需求的内置加强件。

当这个词用于房车时，有一个重要的区别。所谓的"底盘驾驶室"车型肯定有一个单独的底盘，而Auto-Sleepers'的单体式车型有一个单独的外壳用作起居室。这明显不同于第1章中描述的那种墙壁、地板和屋顶是使用单独的面板组装的模式。

与Auto-Sleepers的产品一样，这里描述的BT车辆通常被称为单体式车厢。

GRP车身上有品牌标识，表明它们是由Anglian Developments设计和制造的。这些车壳于1985年首次引入，此后已有超过17000件车壳生产出来并用于商用车。但是，除GRP之外也有其他类型的车身结构用于商用车辆，因此Anglian Developments已停止生产GRP车身，尽管有许多仍在使用中。

毫无疑问，这样的产品对于许多类型的车辆都是可用的，GRP外壳多年来一直保持完全防漏和可维修性。因此即便是发现之前使用过的车壳在其平台车辆被废弃后很长时间内仍被出售也不奇怪。 它们的设计细节各不相同，其中一

最左图：这个此前为私人所有的二手 GRP 车身非常适合 DIY 房车的人购买。

左图：货车上的卷帘门通常在改装房车时由 GRP 面板代替，可在侧面车身复制这个结构。

右图：没有多少自建者可以改装可拆卸的房车，不过旁边这个案例却很好地利用了GRP车身。

右图：脱离以后，整个起居室非常稳固，房车的后门安装有遮阳棚，能起到很好的保护作用。

右图：前部的空间改装成了卧室，细节处理令人满意。

右图：后部的空间改装成了厨房，安装有独立橱柜。

些有很深的侧边梁，给DIY房车的人留有在地板下安装储物柜的机会；最初出售给RSPCA的车身装有侧门，对DIY房车的人来说也很有用。

在其他的房车案例中，有些房车后面安装有卷帘门，不过一般会被替换掉，把空间腾出来装上一辆摩托车。

为了进一步确认这些GRP车身的多功能性，左图展示了可拆卸房车的使用。Graham和他的妻子Lucy拥有几辆自建房车，图中这个房车展示了他们的创新理念。可拆卸的房车遇到过一些技术问题，但Graham总是第一个找到答案的人。对于安装GRP车身，Graham非常在行。在第15章内容中对自建家具有所描述。

其他类型的GRP车身偶尔也会出售，其中一些是由开始新房车项目的制造商处理的剩余物品。第9章介绍的作者改装的房车就属于这种情况。改装GRP结构被用于名为"奥德赛"的房车，该设计在1998年获得了年度最佳房车奖。此外，奥德赛有一个短的曲折的楼梯，可以从后面的休息室沿着楼梯爬上一张双人床。产生

左图：这辆与众不同的奥德赛房车是用 GRP 外壳和菲亚特基础车型融为一体改装的。

最左图：房车的内部结构在设计时就考虑到，安装在上部的床铺可以通过后面曲折的楼梯爬上去。

左图：房车前部，除了驾驶室的座椅外，还配备了两个额外的有安全带的汽车座椅。

这一设计灵感的设计师Barry Stimson 为Holdsworth房车公司改装这个身材匀称的车身以及楼梯和GRP淋浴房。虽然这款房车的销量达到了两位数，但Holdsworth 房车公司却将其停产。奥德赛的制造突然停了下来，剩余的部件后来被出售，有的被DIY改装者收购。然而，有的就被遗弃和毁坏了。

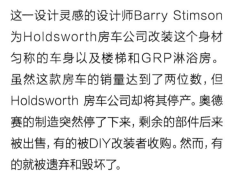

左图：奥德赛改装完成后，有一些房车的车身部件会被卖给房车自建者。

右图：将房车拖挂在车辆的后部似乎很容易，但并不总能创造出有吸引力且技术上合格的房车。

用拖挂房车改装

购买二手拖挂房车来改装房车可能更加便捷，将车辆底盘和行驶系统拆下来安装到后面的平台上去，再安全固定，添加一些零件，做些修复，基本就差不多了。但这样真的可以吗？

说实话将货车和拖挂房车的结合并不吸引人。如果做得好，这项工作将涉及很多工作内容，特别是如果你想要你完成的是房车而不是一个奇怪的组合。

不是说这种改装做不到。例如Roy Webb，他首先尝试了那些比较特殊的套件房车的改装，他在改装GRP房车方面的创造性和技能也取得了很好的结果。Roy从来没有因为驾驶一辆九成新的双轴Adria拖挂房车，并将其与菲亚特基础车辆组合起来而沮丧。通过使用他专门改装的GRP模型，有效地实现了两个完全不同的道路结构车辆的集成。对于未经培训的人来说，完成的这个项目可能很容易成为房车产品中的经典。

一个类似房车改装的成功案例由Barry Stimson完成。除了前文描述的奥德赛房车外，这位设计专家还在多个领域

右图：该项目使用了菲亚特 Talbot 基础车型和 Adria 双轴拖挂房车。改装者巧妙地将它们结合在了一起。

工作过。在改装复杂车型方面获得肯定之后，Barry开始设计运动汽艇和惹眼的摩托车。他改装的大型房车包括受人喜爱的Romahome。

因此，在奥德赛停产以后，Barry Stimson买了一辆全新的依维柯和一辆全新的Swift 520SE挑战者拖挂房车以期将它们组合在一起。商用基础车辆以底盘的形式交付，这意味着它没有驾驶室。

这种类型的基础车辆只有一个操作台和一套仪表板，没有门，没有窗户，也没有发动机舱盖。这些物品必须在改装时添加。

至于依维柯和Swift拖挂房车的组合，涉及很多工作，这里展示了改装后完整的房车。侧梁隐藏了底盘的钢构件，而Barry Stimson的设计和GRP施工技巧确保了拖挂房车在依维柯的基础上匹配完美。

以上所描述的两种房车都是由经验丰富的改装师进行组装的。他们证明了"二合一"是可以实现的。另一方面，一个不太有经验的DIY改装者是否可以像Roy Webb或Barry Stimson那样做到，还有待商榷。

另外要注意的是，现在的拖挂房车具有超轻特性，可能不太符合专用房车的坚固性能要求。拖挂房车设计时未考虑到行驶的情况，仅为乘客设计，因此，可以认为使用拖挂房车来改装房车，车身不会特别坚固，不足以用驾驶室后面的部分来运输乘客。

当然相比于改装面包车并安装电器、家具和室内装饰品，这种方式对于节约成本来说是个非常好的主意。并非所有的拖挂房车组件都适合重复使用，例如，在改装完成的房车中重新安装拖挂房车车窗通常是不明智的。一些装有车窗的拖挂房车不适合载人行驶，对于1977年11月之前安装的窗户来说尤其如此，因为这些窗户很少安装安全玻璃。

总而言之，这里已经讨论了几个对比项目，其他案例也将在后面的章节中有所描述。 然而，无论你喜欢哪种类型的项目，有一点需要考虑：你需要确认所选的基础车辆能够提供你想要的动力性能和驾驶功能。以下章节将提供具体建议。

上图：依维柯底盘用作搭载 Swift 拖挂房车的底座。驾驶室专门使用 GRP 材料。

第5章

基础车辆

驾驶性能很重要，一旦房车改装完成，再想回头改变基础部分几乎不可能。

房车可以在各种基础车辆上改装。一般来说有时会做些权衡：普通的汽车很少能够具备舒适、宽敞的房车功能；同样，舒适宽敞的房车也不太可能像普通汽车一样行驶。

作为房车改装者，侧重于哪一方面由你说了算。你可以倾向保留像普通汽车那样的驾驶速度、强劲的发动机动力、行驶灵活顺畅，以及停靠车位或车库时非常便捷；也可以选择更为宽敞的起居空间、存储空间、车内高度适中、安装齐全的厨房，以及华丽的带淋浴的洗手间。

如何平衡驾驶和舒适度是两难的选择，毕竟对内部舒适性的渴望通常受到基础车辆尺寸的限制。当20世纪50年代大众公司的T2"露营车"首次亮相时，谁会想到半个世纪后房车爱好者会发挥想象力把它们改装成房车呢？如果你喜欢这些发动机后置的车辆，请检查一下空间结构是否适合改装。

小型车作为基础车辆

前面的章节里提到了用轿车改装的房车。这些被冠之以"房车"称呼的车子仍值得商榷，但是那辆以福特Cortina为基础车辆改装的房车非常值得一提，它伴随车主度过了十年愉快的假期，并为其之后的拥有者也带来了欢乐。

某些方面，Startcraft的驾驶特性，至少从驾驶室座位方面评价还是不错的，像一个沙龙的氛围。但是，这款房车几乎无法加载更多生活功能区，并期望它能够保持先前的行驶性能。同样，后轴的载重负荷可能也并没有获得汽车安全工程师的认可。对制动和传动系统的改良可能已经解决了这些问题，但其实有更简单的解决办法。

一种选择是在Steven Wheeler的指导下，他的房车改装公司叫Wheelhome，改装了一系列小众休闲产品，包括基于小型公共汽车和多功能车（MPV）的房车。

右图：这款由Wheelhome改装的铃木Wagon-R，在城里停车非常容易。

最右图：这辆车在户外房车展示会上展出过，它的改装者指出它能够停放在家用小型车库内。

技术贴

大众T2

　　大众T2汽车自20世纪50年代末首次亮相后经历了多次改款。1991年T4推出了前置发动机，改用前轮驱动，自此后置发动机的车辆终于被取代了。支持后置发动机的人不太开心，这不奇怪，但这并还不算结束。

　　原来的大众T2上的工具和零件被出售给了一家巴西的制造商，随后英国Danbury房车公司，进口了一辆老式的大众T2。这件事情发生在1988年，自那以后，许多自建者都购买了未改装的基础车辆然后计划改装它们。

　　为了遵守最新的法规，要求对T2原来的设计进行一些小的改动，但除了少数守规矩的人之外，其他大多数人改装的车型和原来并没有什么差别。为了回应热情的房车爱好者们，Danbury公司给出了回应，并制造了许多像NewRio一类的房车。最后，在开始改装自己的房车前可以再做一遍专业的检查。如果你住的离Danbury公司的总部很远，可以去它任何一个户外展示分部学习。

这辆巴西制造的汽车被一个房车 DIY 爱好者订购了，他想自己改装车的内饰。

Danbury 对大众 T2 汽车改装后在全国各地的许多户外展会上展出。

这些"载人工具"成为了车流中的风景之一，而且具备进一步改装的可能性。

多功能车（MPV）

　　大多数MPV都有较大的车内空间和众多座椅，因此可以进行改装。其驾驶特性非常好，高度也不会成为问题。而且，MPV的内部更规整、精致，如果是厢式货车的话就不一定了。

　　有时候，改装MPV目的在于创建一个可移动的办公室，企业的高管们可以聚在车里开会。小小的厨房可以用于准备简单的茶点和放置小型冰箱，以确保食物和饮料新鲜。

　　通过移除一些座椅并调整一下内部空间，放倒座椅搭建一个临时的可以休息的床。这些床并不适合每个人，如果你认为像改装前的汽车一般的驾驶性能必不可少，那用MPV做房车的基础车辆是个不错的选择。但是，这些基础车辆价格

下图：毫无疑问，小型巴士和 MPV 都可以用作改装房车的基础车辆。

右图：停车场对车辆高度的要求意味着大多数房车都无法停进去过夜。

最右图：厢式车的内部需要增加隔板和安装衬里，而MPV已经非常好地完成了这部分内容。

右图：一些MPV的座椅可以转变成简单的床，但它们可能不是很舒服。

昂贵，丢弃完好的座椅以增加空间简直浪费。这就是为什么改装厢式货车更为常见的原因。

轻型商用车（LCV）

一些商用车辆本身设计用于繁重的生产工作，但并不是说它们就不能够被改装成房车。图中展示的奔驰613D车型于

2007年购买，具备超大的休息空间，适用于使用轮椅的人士。

如何DIY改装一辆房车的方法已在之前的章节说明。

然而，图中展示的这款全新的613D内部，看到它地板式变速杆的长度、仪表板的状态和配备的起重机、一对"简洁"的座椅和一个装载区域，除了后门上的两块板之外没有饰板，可以看出这款车原先主要用途是工业制造领域。不用说，有意创造舒适且高效的房车对经验丰富的房车改装者来说并不难。另一方面，像这样的传统商用车已经在很大程度上被轻型商用车（LCV）所取代，而轻型商用车的内部则完全不同，而现在的LCV驾驶性能也很好。

小型的商用车辆，比如小型面包车，也能像轿车一样驾驶。它的驾驶室内饰和轿车差不多，座椅也和轿车的很像。

大一些的LCV，像菲亚特Ducato和奔驰Sprinter，也很容易操控。驾驶时可以从树篱俯视下面的轿车车顶，可以惊喜地发现车子的动力转向装置、精密的制动系统和平稳的换档。一辆全新的面包车的价格基本是合理的，特别是与MPV的成本相比。

通常建议选择这种轻型商用车要挑20世纪90年代以后生产的，更符合"轿车化"潮流。当然，标致Boxer和1993年推出的经过改装的菲亚特Ducato系列已向前

下图：这辆2005年款LDV厢式货车的价格远低于同等尺寸的MPV价格。

使用奔驰613D厢式车的房车改装项目

奔驰 613D 主要是为了商业使用，但这辆买来就是为了改装成房车。

这款车的座椅、仪表板和地垫体现了它的商业用途，而许多轻型商用车的内部更像轿车。

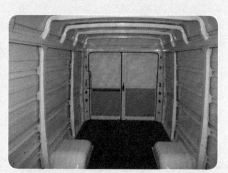

这款奔驰车配有两个大容量蓄电池，最初打算用作工业用途。

这款车的内壁和顶部非常平坦，比其他不规则内壁的车辆更加容易安装家具。

迈进了一步。除了标配动力转向系统外，房车改装者还对安装在中控台上的变速杆感到满意，从驾驶室进入起居室不再需要跨过障碍物，而变得更加灵活，比在地板上安装变速杆的车型要方便很多。

标致Boxer、雪铁龙Relay面包车和菲亚特Ducato共线生产，所以它们的很多部件都是相同的。近年来，发动机选择略有不同，但其他方面并没有太大变化。请参阅随附的说明，了解通常称为"贴牌工程"的内容。

在Boxer、Ducato、Relay组合到来之前，由标致、雪铁龙和菲亚特组成的合资公司生产一款被英国房车爱好者称为Talbot Express的面包车。

1993年之前的版本和重新升级的版本都有菲亚特Ducato的名字。它还同

左图：现在的轻型商用车的驾驶室能够提供轿车一样的舒适感。

左图：曾经菲亚特Ducato 可以选装2.8L 的发动机，而标致 Boxer 最大排量的发动机只有2.5L。

技术贴

关于贴牌工程

　　轻型商用车令人困惑的一件事情是它们的商标。例如,雪铁龙、标致和菲亚特于1978年联合推出了一个欧洲轻型商用车项目。多年后,在1993年,雪铁龙、标致和菲亚特又推出了几乎相同的车型。但是,它们使用的发动机并不一样。

　　几年后的又一次"集体行动"中,菲亚特Scudo也被证实与雪铁龙Dispatch和标致Expert拥有相同的元素。请注意,虽然车辆来自同一条生产线,但不同商标也引起营销方面激烈的争议。房车建造商联盟也在发展,Swift公司改装的车型是基于菲亚特的,而当Bailey在2010年想要这款基础车时,标致提供了更具吸引力的供应措施。在此之前,AutoSleepers同样与标致供应商建立过密切联系。

菲亚特 Scudo 被打上了雪铁龙和标致的烙印。

　　这些重叠的商标很显然让新手对车型产生了混淆。例如,雷诺Master有时会安装菲亚特发动机,而它的变速器是使用地板式变速杆操作的。与此同时,在德国,奔驰Sprinter和大众LT车型均属于共同开发。

　　至于LDV车型,Pilot和Convoy是该公司Sherpa的早期版本,而LDV Cub是重新设计的日产Vanette。

　　雷诺和沃克斯豪尔也组建了一家合资企业。雷诺Master和沃克斯豪尔Movano是同平台产品,最近的雷诺Trafic被称为沃克斯豪尔Vivaro。

技术贴

中控面板变速杆

　　当一个房车驾驶人想要从驾驶室移动到生活区时,或从生活区挪到驾驶室,没有安装地板式的变速杆就太方便了。此外,当你开车时,一个位置恰当的变速杆能让你很容易够得着,短暂的练习后很容易操作。但并不是每个人在菲亚特于1993年宣布这种设计时都有这种热情。

无论驾驶人的身材如何,安装在中控面板上的变速杆都易于操作。

　　尽管存在不同意见,1995年奔驰Sprinter车型上安装了中控面板变速杆。它也出现于2002年的雷诺Trafic车型。同样,当大众T5于2003年10月首次在英国上市销售时,大众房车改装者也很高兴地注意到了它安装在中控面板上的变速杆。2005年,LDV的Maxus也跟随了这一趋势。

许多房车制造商很高兴大众 T5 采用了安装在中控面板上的变速杆。

时有雪铁龙、标致和阿尔法·罗密欧的名字。

从1981年开始，这些菲亚特Ducato基础车辆已经被改装成了许多房车，但是与Talbot Express一样，它们的地板式变速杆远不如后来的安装在中控面板上的变速杆好用。标致公司在1994年的新闻发布会上首次展示了基于Boxer的首批样车，使用了这一装备。

安装在中控面板上的变速杆的出现无疑是一件大事。1993年后，出现了来自意大利的雪铁龙/菲亚特/标致产品。它们的一个重要特征是前轮驱动。因此，它们没有沿着底盘向下延伸以驱动后轮的传动轴，这让希望车内地板尽可能低的车身制造商特别感兴趣。地板高度和底盘改造的问题将在下一章介绍。

相比之下，多年来，后轮驱动已成为许多轻型商用车的特征，包括福特Transit（全顺）和奔驰的车型，许多人更喜欢该系统提供的牵引力。毫无疑问，当在泥泞的露营地上操纵满载的房车时，后轮驱动的车辆通常会获得更好的牵引力，特别是在牵引拖车时。因此Auto-Sleepers使用了福特基础车以及标致和大众车型，自建者也使用福特Transit进行改装。

进口基础车辆 ⊖

在评估MPV和轻型商用车作为基础车辆时，我们不仅关注欧洲车型，也关注丰田和马自达，它们也是很可靠的车辆，为自建者提供了很好的基础车辆。在日本，有严格的强制性测试，这意味着许多人购买新车的频率高于英国，因此日本产生了过剩的维护良好的二手车，其中许多都要出口。由于日本人也是靠左边开车，这些二手车大部分都运往英国。

某些型号，如马自达Bongo，安装升降

⊖ 指非欧盟产品。

左图：这辆1992年注册的Talbot Express厢式货车已经改装并通过 Auto-Sleepers 进入 Harmony 露营车队伍。

下图：福特厢式货车通常不会由专业制造商改装，但是一些DIY改装者却已经这样做了。

技术贴

福特Transit的驱动配置

20世纪60年代早期，福特在英国和德国的工厂展开合作，于1965年推出的欧洲LCV，后来通常被称为Transit。1978年改款，1986年推出新一代车型，1995年进一步改款，2000年推出全新车型。多年来，福特Transit系列一直采用后轮驱动。

然而，在2000年推出的第三代车型上，前轮驱动也被使用。差异主要与车的重量有关。所有厢式货车和最大允许重量达到3000kg的车型，均为前轮驱动。而最大满载重量为3000~3500kg的车型都是后轮驱动的。

人们常说福特Transit是英国最畅销的轻型商用车，但由于低地板的优点，房车改装者们通常更喜欢前轮驱动的车辆。车主们也倾向于将他们的房车装载到重量极限。考虑到这些要点，令人遗憾的是，2000年推出的福特Transit前轮驱动型提供的技术上允许的最大满载重量不超过3000kg。大约十年后，使用福特基础车辆的房车改装者的人数仍然相对较少。

车顶，这使它非常适合于露营。汽车经销商经常销售进口日本车型，但没有两个产品是一样的。车辆记录的里程数经常出人意料地低，一些持怀疑态度的购买者可以关注这个问题。

其中一家专门处理日本进口商品的公司是位于肯特郡的AVA Leisure。这家经销商出售改装好的马自达车辆，还向DIY改装者出售备件。在撰写本文时，这些备件积压很多，经常在专业网站上公布。

虽然自建者使用这样的基础车辆，但一些小规模制造商也同样用日本进口车辆进行改装。例如，丰田Regius和马自达MPV由Barry Stimson公司进行了巧妙改装。

请注意，在丰田Regius的大型尾门旁边改装的厨房如何为用户提供舒适的室内外环境。

上图：这款丰田 Regius 为房车改装提供了基础车辆，它的大型厨房可以室内、室外两用。

左上图："Outback"是由 Barry Stimson 设计和完成的几款经过精心改装的二手马自达车型之一。

左中图：这款外观漂亮的"Overlander"基于丰田 Regius 改装，是直接从日本进口的。

左下图：这辆大发 Hijet 被 Johns Cross 公司改装成小型房车。

左图：许多自建者决定改装拖挂式房车，这款车型使用福特Ranger作为牵引车。

丰田Hiace一直是一个不太招大型房车制造商喜欢的基础车辆，但它已被Devon Conversions使用。另一个不常见的车辆是大发Hijet，它是JCLeisure公司推出的Hijetta房车的基础车辆。

如果没有提到日本的轻型皮卡，例如五十铃、日产和丰田的车型，那将是一个疏忽。你可能希望购买这些基础车辆，改装一辆拖挂式房车。在上一章介绍过，拖挂式房车应包括一个可以居住的"吊舱"，可与其主车辆分离。

如果你对自行改装拖挂式房车的想法很有兴趣，那么你还应该考虑专业改装者经常使用的福特Ranger，这款大型皮卡在南非制造，包括2.2L和3.2L版本，两者都配有自动变速器。特别值得注意的是它的离地间隙和牵引能力。

作为一个兴趣点，日产皮卡是Fifth Wheel公司的首选车型，该公司在其北威尔士工厂生产高质量的GRP "半挂式"休闲车。

重型货车（HGV）

很少有自建爱好者会选择大型商用车作为基础车辆进行改装，除非有充分的理由。依维柯的车型偶尔也会被用作

左图：日产 Navara 不仅用于拖挂式房车，它还可用作 Fifth Wheel 公司产品的牵引车。

Laika房车的基础车辆，但是一些车主报怨称驾驶起来很麻烦。依维柯的基础车辆可以承载最大重量远远大于LCV，但即使驾驶室比以前更加舒适，你也不会体验到"轿车般"的驾驶。

法规也可能影响你的选择，特别是如果你在欧洲其他国家开车。例如，在德国，重量超过3500kg的车辆需遵守：

- 特殊速度限制
- 超车限制
- 高速公路限速80km/h

在瑞士，超过3500kg的车辆驾驶人必须在边境检查点支付重型货车关税才能使用高速公路。英国不会发生这种情况，只是在苏格兰，超过3500kg的车辆需要支付更高的通行费才能通过泰路大桥。

从行政许可方面来看，如果你拥有1997年以前签发的英国驾驶执照，那么在这个国家驾驶重型车辆的限制就会减少。不过这些年情况发生了变化，在英国驾驶超过3500kg的车辆的最低年龄为18岁（而不是17岁），且必须进行额外的考试。

此外，在达到70岁（此时必须续签英国执照）时，申请人需要进行视力测试和严格的健康检查，才能驾驶超过3500kg的车辆。

对于患有某些疾病的驾驶人也有影响。例如，使用胰岛素注射控制病情的糖尿病患者不得驾驶超过3500kg的车辆。最近，适用于糖尿病患者的限制变得更加严格，慈善机构Diabetes UK提供了很多信息。

车辆修复专家也强制执行重量限制，如果事故车辆超过3500kg，几家公司将不会为房车车主服务。

这些只是车辆限制的几个例子。本书更侧重于轻型商用车而不是重型货车。毫无疑问，将车辆总重量保持在3500kg以下有很多优势。

最后的建议

重要的是享受房车所有者的乐趣，强

下图：大型A级房车通常在HGV底盘上改装，就像依维柯这种。

烈建议自己改装房车的人要尽可能多地比较基础车辆。你可以短期租用房车,虽然这在夏天的高峰期通常很贵,但冬季的费率却特别便宜。租车公司在专业杂志上做广告,作者发现了这非常有利于租用一辆装备1.9L非涡轮增压柴油发动机的大型房车,这种体验机会难得。

比较基础车辆时,你绝对不能忽视动力转向、自动变速器、ABS制动器等。专家确实可以在某些车辆上改装一些产品,但不是所有车辆都有充足的改装时间。通过互联网搜索,你可以找到汽车工程师提供涡轮增压器、中冷器、动力转向系统、自动离合器系统和提升发动机性能的芯片的安装服务。但并非所有部件都可以安装在所有车辆中,例如动力转向通常可以安装在20世纪80年代后期的配备汽油发动机的Talbot Express上,但很少能在柴油机车型上进行改装。

车主会对于某些LCV没有提供自动变速器感到失望。一些菲亚特Ducato车型可以选装自动变速器,但是此选项仅适用于左侧驾驶车型。

在2000年以后的福特Transit上,你可能还会看到一个Durashift EST系统,它虽然是一个五速手动变速器,但既没有离合器踏板也没有手动的变速杆,而是安装了自动离合器。

还要记住奔驰Sprinter已经提供可选装的自动变速系统,但这是一个齿轮结构的半自动变速器而没有液力变矩器。相比之下,一些大众T5车型配备了六速Tiptronic自动变速器,它有一个液力变矩器,还有一个可以向前或向后推动的杆,根据发动机转速的需要来接合特定的齿轮。

所有这些因素都强调了在花钱之前进行彻底调查的重要性。很多时候,潜在的改装者会看到一辆车以"好价钱"出售,看起来会变成一辆超棒的房车。然后,经

技术贴

柴油与汽油

很长一段时间以来,汽车媒体的记者都喜欢宣传汽油发动机的动力响应好,但现在情况发生了变化。现在的柴油发动机比以前更精致,用途更广泛。当然,在房车领域,柴油发动机的普及程度尤为明显,尽管部分原因是商用车的制造商使用了这种动力单元。

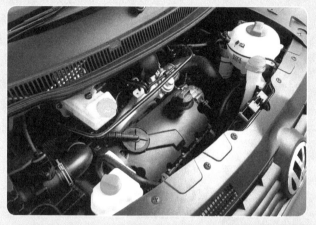

大众 T5 系列推出了四款涡轮增压柴油发动机车型。

毫无疑问,涡轮增压系统可以提高加速性能,即使它确实会缩短柴油发动机的使用寿命(正如许多汽车专家所说的那样)。实际上很少房车会经常进行漫长的旅程,因此发动机寿命可能不是问题。燃油价格可能是一个更重要的考虑因素,任何经常在欧洲大陆自驾游的人都会知道柴油的价格远远低于无铅汽油。因此,难怪国外这么多车辆都使用柴油发动机。不幸的是,英国的情况并非如此,因此仅仅为了降低使用成本而选择柴油机的人很少,特别是如果你把大部分时间都花在英国的房车旅行上的话。

过很多小时的工作,并添加了许多重型装备,最终证明它上路后不能达到预期的效果。

最后是关于时间期望的建议。许多自建者反映了他们在寻找合适的基础车辆时所经历的挫折,有些人在最终购买之前已经搜索了大约一年。作者也遇到了这些问题,即使为其中一个项目订购了一辆全新的基础车辆,也差不多十个月才到货。

底盘、行驶系统与重量限制

好的底盘与有效的悬架系统是房车重要的基础要素,它们与房车改装者和使用者都需要遵守的重量限制有关。

对于要改装厢式货车的人来说,底盘结构的话题可能不大会引起兴趣。现代厢式货车不是建造在传统字面意义上底盘上的,这也是它们与底盘加装型房车的不同。

另一方面,有关悬架系统与制动操作的部分对面包车改装者与汽车制造商来说息息相关。重量与汽车电子系统及其他相关事项的部分也同样重要。所有房车改装者都应阅读本章最后的部分,即使已有自行式房车的人也应留意载重限制。房车过载有极大的潜在危险,甚至是一种犯罪行为。

底盘种类
带有底盘的驾驶室

许多自行式房车都是在这种集成了底盘与驾驶室的结构基础上完成。这个术语非常恰如其分地表明了组成此结构的两个主要部分,而且很多轻型商用车生产商都以这种方式将产品出售给汽车改装专家。

这样的驾驶室通常是完整的,有座椅、安全带及所有便利设施,而且还配有发动机舱盖。

有时驾驶室部分是完全不受天气影响的,而有时座椅背后的墙只用一块临时隔板,以便后续尾部的改装。这种带有底盘的驾驶室结构是改装厢式货车、小型面包车及底盘加装型房车的基本组件。2006年菲亚特公司推出了一款有针对性的"房车底盘"且配有已经切割好的车顶、后部隔板,以及1980mm的后轮距和房车类型的轮胎。

许多标准底盘类型都配备了备用轮胎,而像备胎架与装有照明灯的牌照安装板都是极好的可添加选项。所有这些就看房车改装者想把车改成什么样了。

个人可通过中间商预订这种带有底盘的驾驶室,作者也是通过这种方式购买底盘车(带底盘的驾驶室)从而建成了自己的其中一辆房车。需要牢记的是,关于房车的选装设备有很多,而且你要等上数月才能得到你订的底盘车。需要注意你买的"车"没有尾灯,上路是不合法的。而且,你还要决定如何安装挡泥板。

另外,为了确保一辆车能够行驶,许多事要在一开始就进行,比如到DLVA车管所注册,上牌照,确保上路合法性。还有的房车自建者需安排拖车或运输设备,直到改装完成。

带发动机的底盘车

另外一种部分制造好的底盘车被称作"带有发动机装置的底盘",没有驾驶室、风窗玻璃、侧面玻璃、发动机舱盖和车门。发动机、仪表和控制单元会被整体"打包"安装。

那些要改装A级房车的人需要这样带发动机的底盘车,还需要大量的技术工作才能完成。例如安装能通达驾驶室的车门。这就很容易理解为什么A级房车要比从带底盘的驾驶室改装而来的房车贵。而且,对于更专业的改装房车,通往驾驶室的车门缺乏足够的硬度。

一些DIY的人将带底盘的驾驶室改装

上图：菲亚特带底盘的封闭式驾驶室

右上图：驾驶室后部有临时隔板，且有尾灯。

右图：带有发动机的底盘车，没有驾驶室和发动机舱盖。

成A级房车，但这需要一次就能达标的工作，不是大部分人能应付得了的。

带有平台底盘的驾驶室

最后介绍很少被自行式房车改装者用到的带平底盘的驾驶室。它的尾部已经配有加固的平台。如图所示，后轮已经安装以防止公路上的污泥进入。

这样有平台与轮拱的结构，使改装者领先一步。只有很少的专业改装房车在它的基础上建造。

尽管有以上提到的诸多优点，与预装配好的带平台底盘的驾驶室相比，传统底盘更容易满足厂商生产更多车型的需要。

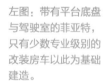

左图：带有平台底盘与驾驶室的菲亚特，只有少数专业级别的改装房车以此为基础建造。

左图：带有平台底盘的驾驶室，其另一特点是预装配好的后轮轮拱，免除了额外的工作量。

底盘改装

在欧洲销售的新车上路要满足相当多的规定，包括针对当前在道路上行驶的汽车须满足相关的法规要求。类似的合法性要求同样对房车改装者适用。

在2012年针对商用车出台的《整车车型许可要求》之前，商用车生产商已经对那些基于厢式货车以及以"底盘+驾驶室"为基础而作业的房车改装公司（个人）发布了指导。比如菲亚特出版了名为《商用车：改装及特殊外挂设备手册》的教材。其开篇语说道："本书意图为以菲亚特车型为基础的房车设计与改装者提供信息。"这是非常有意义的原始资料。

汽车生产商认为，改装需要安装新的结构，因此改装者需要被建议和告知究竟什么样的改变是可接受的。大多数汽车原装部件都有改装限制。比如菲亚特Ducato，废气排放的改装通常不被许可，除非事先得到许可并经过测试。

然而，有的改装只要在符合某些要求下就是被允许的。比如，改装者被菲亚特公司明确告知在未取得生产商授权时，不可焊接底盘的承重结构。在某些关键部位的钻孔也是被禁止的；试图延长底盘会受到严格限制，尤其是改变后悬。

专业改装者要与生产商保持联系，意识到相关程序必须被执行。双方都关心改装操作是否符合安全性能规定。

这种互动是双向的，生产商也知道哪种底盘或悬架是专家们了解并有能力做改装且还能符合相关要求的。比如，你能看到第59页所示过去的那些对底盘做出的激进改变——甚至是切除掉部分驾驶室、换掉底盘原来部件以安装替代品。在任何情况下，没有资质的改装者都不能试图这样做。

像安装铝合金轻量化底盘这样大的翻新，属于结构性变化，需要经过长时间的研究、缜密设计、计算机分析和广泛测试之后才能获得正式许可。更多关于房车轻量化的信息，请参见第59页内容。

过去被认为可行的改装如今已经不再被允许，尽管新的法规极少追溯已经存在的改装车。

当如第9章所描述的底盘加装型房车改装，一些底盘与悬架系统的更改已被获得政府机构许可的改装者与生产商执行，如菲亚特（英国）公司。为了包含某些设计特征，需要满足如下条件：

- 底盘被切割或延长。
- 后钢板弹簧悬架被空气悬架取代。
- 后桥半轴套管被延长225mm。
- 最大技术许可满载重量从3500kg升级到3850kg（第5章介绍过）。
- 后桥半轴套管因重量升级操作而被加强。

插图显示类似的改装已经发生在Lunar房车公司生产的车型之中。现在要进行这些改装需要在之后进行强制测试，在财政上并不都是可行的。自建者需要了解过去的改装测试程序，以及现在的许可机制，这些在第20章和附录中有详细说明。

后悬

为了获得车内最大活动空间，几乎所有房车制造商都在底盘后部加装了依靠螺栓连接的车架。它为地板结构提供支撑，因此被称为"后悬"。尽管欧洲对于房车改装的指导原则经常受修正条款的影响，还是有两个需要遵循的基本原则，以计算房车许可的后悬的最大长度。以下是经常被引用的这两个原则：

首先，轴距是车轮前轴中心与后轴中心之间的距离；其次是后悬部分从后轴中心开始测量，直到车辆最后端，这个距离不超过轴距的60%。

注意： 后者（即后悬）非常重要。它依托于一个事实：当汽车在前进时以最大转弯角度（方向盘打死）转弯，后悬的最末端将会向外偏离以至于脱离车轮行驶的路径。如果后悬过长，这种"向外摆动"会造

增加带底盘驾驶室的轴距

只要遵守相关程序，改变菲亚特Ducato厢式车的轴距曾经是被制造商允许的。技术要求可以在《商用车：改装及特殊外挂设备手册》查到。最大许可增加极限是4200mm，建议切割点在手册中也有绘制。

任何人想要翻新一辆旧的房车可能会想到增加底盘长度。例如这些图片所示的就是2000年，一位有资质的底盘公司对Lunar公司生产的房车所做的改变。

现在的车型是在严格的法规要求下制造的，不会以上述方式改装，因为改装后要强制接受繁杂的测试。

1 房车的底盘按照菲亚特公司描述的切割点切割。

2 为了给尾部提供足够的支撑，采用箱形截面构件。

3 连接冗余处会被修正，以匹配原装部件。

4 按照菲亚特公司强调的，增强的连接处被铆钉固定。

成不利行驶的阻碍，因此对后悬给出了长度极限。

即使有此长度限制，一些生产商公布了后悬不超过轴距的60%，但如果车的底盘过低，极有可能因为后悬过长而在某些路面造成托底。这会影响所谓的"离去角度"。如图所示的房车测试，驾驶员正在考虑是否需要修正车身避免在复杂坡度路面托底。

另外，后悬过长也会造成其他问题。例如，当后悬过长且后面装有一个带栏杆的承载着摩托车的平台，会在车后轴产生巨大的向下作用力。这是因为车身结构的向后延伸，使后轴相当于一个长杠杆。如果后轴承受重量过载，那么这对驾驶员是很危险的。同样，若这辆房车在黑暗中行驶，尾部过重会使得前照灯光束抬高，会对对面来车产生危险。

有一些个人改装者与专业生产商都认可的加长底盘的方法及注意事项。比如，插图中显示了镀锌钢质框架组件装配在

该款车型上。这种结构通常以螺栓连接在菲亚特底盘背部的平面安装板上。螺栓的规格由生产商指定，而且螺母必须经过认证。

另一种可采用的策略是在箱形截面的钢架上安装一个矩形结构，既能支撑底盘平台，同时为板架、后储物箱和拖车杆提供有力的支撑点。其合理性在于这种结

下图：正在被测试托底状况的测试版房车。

上图：Swift Sundance 车型的后悬与备用轮胎由连结在菲亚特底盘上结实的镀锌框架支撑。

下图：2004年雷诺 Master 车型换上 AL-KO 低高度底盘，所涉及的连接处都做了精心改动。

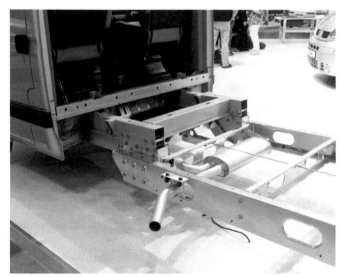

构延伸可以承载比原有平板更多的负荷。即便如此，仍有一些专业房车制造商不采用这种在尾部地板安装钢材增强负载的方式。这就不可避免地给购买后想安装拖车杆的人制造了困难。这也产生了对没有支撑的底板强度的质疑。

加长底盘的方法不可以采用焊接箱形截面的方式，这会损害原件之间的内部保护作用。对于不同车型规定的后悬极限参数，在制造商手册中均能查到。

AL-KO Kober底盘改装

认识到汽车生产商的底盘是为了适应广泛的应用而设计，AL-KO Kober公司专门为房车设计了一种可替代底盘。

对这款产品的兴趣随着轻型商用车开始引用前驱车而迅速增强。为前驱车换装一个质量轻的底盘要比后驱车容易得多。尽管这是可能的，但要更改后驱车（如奔驰Sprinter）的底盘需要投入大量的工作，因为还要应付传动轴。

因此AL-KO公司的轻型镀锌房车底盘被安装到了基于菲亚特Ducato车型而做的改装上。这种底盘也确实安装到了前驱车（如大众T5）上，但是驾驶室后面的排气管需要在底盘内重新布置。同样的，此处展示的2004年雷诺Master车型的改装也不像菲亚特Ducato看上去那么简单。

插图显示了改装步骤和技术要点，也强调了AL-KO产品的特性。无须多言，这是留给专业底盘工程师的工作。

更换底盘

这些插图显示了早期和大部分近期AL-KO底盘的安装，安装程序随时代而变化是很自然的。前三张图片里菲亚特的底盘沿着后弹簧和轴分离出来，并废弃。尽管部分零件被保留，早期的改装还是相当浪费。

不管初期已经完成了什么工序，连接托架还是要焊接到从驾驶室后部伸出的底盘短纵梁，AL-KO作为替代底盘将会被

AL-KO房车底盘在菲亚特Dacuto车型上的安装

1. 全面考虑到菲亚特推荐的切割点，在紧靠驾驶室后部的底盘纵梁上安装切割夹具。

2. 当驾驶室被固定住后，用电动刀锯切割。夹具确保切割的准确和到位。

3. 完整的安装由驾驶室开始，一些部件将会有别的用途，但原来的底盘、半轴套管和钢板弹簧将被废弃。

4. 排气管、轮胎及备胎架都会被存放在一个推车里，留待后面安装时用。

5. 托架通常焊接到底盘纵梁上，而在本案例中作为加强部件安装在了驾驶室后部。

6. 此加强部件已喷漆并连接上AL-KO 底盘。这个改装降低了底盘高度，手指的位置是原底盘的高度。

7. 安装标准高度的底盘，注意横梁的使用以确保底盘获得支撑。

8. 搭建底盘双层平台，纵梁被横梁连接以创造平台下方的空间，可用于低层储物空间、车内布线和储水箱。

9. 对比原来的钢板弹簧，不明显的扭杆弹簧显得更紧凑。在这款AL-KO 底盘，支撑平台的外伸支架在平台外侧边缘。

技术贴

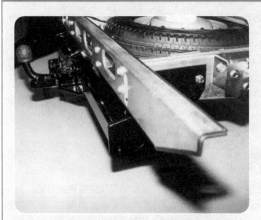

如果房车起居活动空间不超过底盘后部横梁,像拖车杆和运输摩托车的平台这样的 AL-KO 螺栓连接附件都可以加上。

一个AL-KO底盘的特征

AL-KO公司为英国大部分拖挂房车生产商提供底盘已超过20年。为了区分与自行房车设计的产品(完全不同的悬架系统)有何不同,生产商将后者描述为amc轻量化底盘,它有如下特征:

- 钢制部件采用热镀锌工艺。
- 所有零件由螺栓连接,而非焊接。
- 与扭杆弹簧悬架配合使用。
- 其中一款的平台下方提供预留空间。
- 车总重量提升到3850kg。
- 有双联轴的款式可提供更多有效载荷。
- 整体重量通常比原有底盘轻
- 拖车杆与承载摩托车的平台都可以选装。

通过螺栓紧固到托架。

为了更经济起见,而且鉴于要安装的替代品较长,房车生产商想购买短轴距以安装AL-KO底盘。

大多数改装是由专业房车生产商下订单后,在AL-KO Kober公司的工厂里完成。这里也顺便提一下,私人客户也可以将新车送来改装。

成对的驾驶室

无论具有明确设计目的的AL-KO amc 底盘对房车结构有多大好处,把崭新的底盘废弃掉还是太浪费了,因此菲亚特公司现在为房车生产商提供没有底盘的成对卖的驾驶室。插图中的成对的驾驶室看起来很怪异。成对的驾驶室被送到AL-KO工厂后,它们会被分离,还会通过安装一个支撑轮来顺次送入工厂车间。

附加优势

安装AL-KO底盘的一个独特好处是经过测试的安全带系统可以直接连接在地板下的零件上。过去曾有对于后排乘客没有安全带保护的担心,这也是为什么房车改装者采用AL-KO产品极其类似附件的原因。

AL-KO设计的运输摩托车的平台和拖车杆结构可以直接连在底盘上,但是

下图:主要的生产商可以提供成对的驾驶室

右下图:安装 AL-KO 底盘前,在驾驶室后部安装一个支撑轮。

最左图：朝前座椅的安全带直接以螺栓连接在 AL-KO 底盘上。

左图：从尾部延伸出来以连接拖车杆的部位。

取决于一个条件：改装车的最后一个底盘横梁要延伸出来。很遗憾，一些生产商设计的车身超过了此横梁约250mm。这虽能带来更多的起居空间却因车身超越了尾部底盘而无法加装那些带来方便的附件。

即便如此，一些房车拥有者曾经试图安装一个AL-KO拖车杆，才发现拖车杆的钩子没有从车尾伸出足够长，无法与拖车正常地连接上。这意味着当经过急转弯路况时，拖车会对房车车身结构造成破坏。这种问题在插图片中有所反映，处理的方法是切除Bessacarr订制房车尾部伸出的一个裙角，尽管这种权宜之计创造了足够的空间使得拖车杆装置可以与房车尾部相连，但在几何学上仍无法使它们充分运行。

任何想自行改装升级旧房车而不想有车体划伤的人，在购买二手房车时都要注意此点。

悬架分类

现在我们谈一谈不同种类的悬架系统。

螺旋弹簧悬架

这可能是轿车上采用的最广泛的悬架类型，它能帮助车辆平稳行进，但也很

少被轻型商用车采用，大众面包车除外。拥有者经常反映它提供的驾乘舒适性，一些改装者如Bilbo会把注意力放在以大众底盘为基础的房车生产商上。

扭杆悬架

这种系统采用一根钢制扭杆，当汽车通过颠簸路面时，它发生扭转变形。这种悬架被很多车型采用，如早期的雷诺5型。在某些方面，扭杆会提供一个与弹簧悬架相似的扭转阻力，甚至可以把它看成是一个拉直了的弹簧。它使得汽车行驶平顺。它经常会与AL-KO底盘配合使用。

钢板弹簧悬架

它们曾经很常见，却很少被近20年来的生产商采用（福特Escort Mk1和Mk2

左图：AL-KO 底盘改装采用扭杆悬架。

右图：在房车展览会上陈列的 AS 空气悬架公司的产品。图示适用车型是奔驰 Sprinter316。

右图：面包车及服务车辆，如救护车采用空气悬架。

右图：通过排出空气可以降低车身高度以更容易地通过限高设施。

右下图：完整的空气悬架系统有压缩机，还装有空气罐。

下图：2004 年版 AL-KO 空气悬架装置。

右下图：空气悬架保证车有令人非常满意的舒适性。

的后悬架仍是这种悬架）。这类弹簧以能够承受重量闻名，而且在早期应用中被称为"手推车弹簧"。它们被安装在皮卡、越野车辆及轻型商用车上并不奇怪。

空气悬架

为了满足极其高的车辆平顺行驶要求，空气悬架安在货车上以运送敏感的负载，如飞机发动机。随车的压缩机能产生空气，系统还配有空气罐。

空气悬架安装在救护车上，以便给伤者提供特殊的照料。这类系统也安装在轻型商用车上，且越来越多的市内与长途公交车在采用它。在这些情况下，排放空气的设备可以降低车身高度以便于上下车。

还有一个好处是，空气悬架可以安装保持控制车身高度的计算机反馈系统。载货量会影响空气罐内的压力并监控系统，自动调节放气与充气循环。因此，不管使用者增加或减少多少重量，车身高度都是恒定的。

空气辅助

这个描述性的术语指的是通过辅助空气罐增强钢板弹簧和扭杆悬架性能的"联合系统"。尽管在一些广告中有误导性的陈述，它也不能被叫做"空气悬架"。如以上所说，它完全是依靠空气起到的"缓冲垫"效应。

从 Airide、AL-KO、AS及 VB 这些供应商可以买到空气罐，以制造一个空气辅助配置。毫无疑问，当钢制弹簧产生疲劳、车尾明显塌陷时，它会非常有用。房车的操纵稳定性会大大提升。空气辅助单元可以后加，若你想对现有房车进行大改装的话，了解这一点非常重要。

然而，这些空气辅助部件需要经过改动，以配合制动设置。空气辅助设备的安装并不意味你可以添加更多个人配置，本章一开始就提过的后轴重量限制仍然适用，超限将被起诉。

房车的悬架系统

现在我们来看一看哪种悬架系统与DIY改装者或狂热改装发烧友最相关。

大多数底盘加装型房车带有后部钢板弹簧悬架系统，以使人获得可以接受的驾乘体验，而这种悬架无疑更适合于运输重物。很多房车车主想拥有更平顺的汽车行驶体验，这也是为什么AL-KO底盘配有扭杆悬架的原因。在这种情况里，每个后轮都装有三根扭杆，它们看不到，在底盘半轴套管里。

注意：不要与插有管状橡胶的防倾杆混淆。在房车的扭杆悬架安装中，润滑极其重要。油嘴的安装要朝向车桥外端。

当你要升级老款AL-KO底盘房车时要留意这些。有很多例子是信息掌握不充分的改装商在安装地板下储水箱时遮蔽了这些润滑点。

尽管扭杆悬架有诸多优点，空气悬架系统仍然被期望用在越来越多的房车上。这并不是个新主意。曾有家叫Drinkwater工程的供应商，在20世纪90年代的底盘上安装空气悬架。自从那时起，AL-KO发展了针对自己底盘的悬架。名为Air Premium的是AL-KO最精心设计的系统，它包括电子控制单元，完全取代了钢制弹簧。这也要与AL-KO开发的Air Top区分开，它是改进型空气辅助设备。

另外，VB公司生产的空气悬架系统与空气辅助设备正迅速获得认可。对广大房车车主，它的行驶稳定装置很有用。某些在后桥工作的系统有助于提高车辆行驶的舒适性，提供车前后调平停车的便利性。而且近期VB公司的系统也包括安装在前轮的空气悬架单元。当一辆房车的所有轮子

左图：在 AL-KO 后半轴套管内安装的扭杆应定期润滑，但是润滑点常被挡住。例如加装了地板之下的储水箱后。

都有这样的装备，一个VB系统可以创造横向调平兼顾前后车身调平。不止于此，VB公司的产品已有能在AL-KO底盘上用的类型。

对于想升级老款房车的DIY改装者来说，一些VB公司生产的空气悬架产品可以在后来的改进项目上应用。为了展示升

左图：安装在 2011 款雷诺底盘上的 VB 公司空气悬架模块使得车身停车时可以横向调平。

左图：此图展示了当所有车轮都配备计算机控制的 VB 空气悬架后，自动调平便很容易实现。

左图：尽管绝对多数 VB 系统安装在汽车生产商制造的底盘上，仍然有为 AL-KO 底盘设计的空气悬架单元。

安装一个AL-KO公司Air Top空气辅助系统

1. 配有自行车托架与较大尾部拖车杆的Lunar Roadstar 720车型，需要安装空气辅助单元。

2. AL-KO公司Air Top套装含有两个空气罐、塑料管线和一对压力表。

3. 在标致汽车底盘上安装的第一个任务是移除橡胶缓冲器。

4. 在之前缓冲器所在的位置上，以螺栓连接的方式把AL-KO的支撑部件固定在底盘上。

5. 每个空气罐都跨越一个钢板弹簧，且与安装在顶端的支撑板成组。

6. 现在将塑料充气管从空气罐连到压力表。

7. 压力表置于车门内以便供气管充气。

8. 制动补偿器已被安装在轴管的托架与连接杆激活。

9. 对于没有ABS制动的车辆，不使用操作杆系统，制动限压阀安装在液压管上。

在菲亚特Maxi 2.8TD车型上安装VB空气悬架

1. 安全施工很重要，此次作业在 North East Truck & Van 公司的伯明翰工厂进行。

2. 硬件包括横向构件、横向定位杆、减振器、压缩机、支撑弹簧、空气罐。

3. 加载采用电子控制单元（ECU）的自动反馈系统，含纠错诊断功能。

4. 压缩机放在隔声保护套内，电子控制单元置于驾驶员座椅下。

5. 原来的后钢板弹簧架，用于连接轴管的新支撑柱的安装点。

6. 安装一个钢制横架，用于上方空气罐的支撑点。

7. 加装一个空气压力控制阀，以保持车身高度不随载重而变化。

8. 一个电子高度传感器安装在横向部件上，其控制杠杆与轴管连接。

9. 安装完成后的空气罐、减振器、支撑弹簧与缓冲器。

级一个空气悬架所需要的步骤，在第65页的一系列图片记录了一辆1999年菲亚特Maxi车型在North East Truck & Van 公司的伯明翰工厂的施工流程。

制动补偿器

之前曾经提到，当安装一个保持车身水平的设备后，制动补偿器的设置需要改动，但有ABS的车辆不需要。

旧版车辆通常由制动补偿器来帮助制动，以适应载荷变化，并平衡前后轮制动。

拿老款菲亚特轻型商用车为例，由一套操作杆系统来操作安装在液压管上的控制单元，上述制动效果得以实现。再比如，当车尾负载重，行驶缓慢，控制单元会记录这些信息并改变液压控制单元。反之，若轻载、高速，前后轮的制动分配也将改变。

这是一种有效的控制机制。然而，制动控制装置会因增加了防止车身因弹簧老化而下沉的空气悬架，而不能很好地工作。抬升车尾会激活控制杠杆，将制动性能设置为适应轻载的情况，然而实际上车辆是重载的。在AL-KO的Air Top系统，

错误的反馈由不启动杠杆调节功能来避免。在那里，一个控制阀安装在液压供应环节。

悬架选择

任何想改装房车的人都非常清楚要面对诸多关于底盘、悬架、行驶系统的选择。每个人的需求都不同。在第9章中，根据作者近期的改装计划而进行的普遍设置，将会被作为参考。

平台准备

任何想改装或升级一辆房车的人可能会留意到，一些采用菲亚特底盘的房车生产商，其房车仅以主要底盘部件作为地板的支撑。有时地板之外的车体部分在采用AL-KO底盘时，就没有获得更好的支撑。这就非常依赖地板的坚固性了。有的车型没有沿着主要的纵向底盘部件外侧边缘安装外伸承力支架，这无疑是错误判断造成的疏漏。

在第9章中，将会以作者为自己的改装车专门设计的外伸支架作为参考。有意思的是，它们常被专业房车生产者忽略，但它们的重要性已在碰撞测试中验证。

左图：有很多教训可以从 Bailey of Bristol 公司交给 Millbrook Proving Ground 测试公司的 48km/h 的碰撞试验中汲取。

下图：在四次测试中的第一次里，房车起居室左右两侧的地板全部撞裂且散落在底盘纵梁边缘。

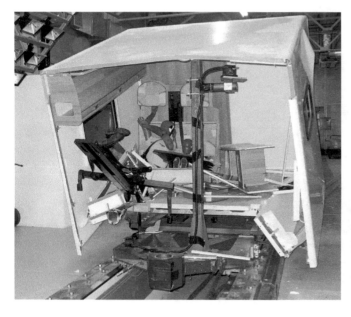

当Bailey of Bristol公司在2011年研发其第一款房车时，公司想对其车型样车进行碰撞测试。测试由一家名为Millbrook Proving Ground的专业公司完成，并在AL-KO底盘上安放一个移动房车起居室。在它们下方有一个滑行板，接受从液压机发出的模拟48km/h的撞击。测试结果是：听从建议没有安装外伸支架，结果这是一个严重的疏漏。房车地板被撞得沿着AL-KO的两条纵梁散落，场面极其可怕；装上外伸支架后的新车型在经过测试后，地板没有损坏。

对任何想从事改装和翻新房车的人来说，加装外伸支架都显得十分重要——地板结构也需要检查。

底盘防锈

下面的章节将对传统的老款房车提出防锈的解决方案。然而，当处理一辆新车时，加装带有防锈剂的箱式部件是件值得好好考虑且很有预见性的措施。

对比而言，经过热电镀锌处理的底盘不需要常规保养。有的车主觉得喷漆是有帮助的，但这恰恰错了。如底盘生产商所报告的那样，在镀锌钢材上喷漆所带来的潮湿，会滞留在表面涂层之间。但若发现有镀层磨损，暴露出其包裹的钢板，就需要通过冷电镀材料来处理。办法就是用刷子涂抹有锌颗粒的黏合剂。当黏合剂蒸发后，锌颗粒就会保留下来。

重量与地秤

道路旁抽检出很多房车都存在不合法的超载问题。这可能是由于车主在加装各种部件时没有检查它们所施加的重量。另外，一些生产的房车只有很小的载重空间。不管什么原因，车主都负有检查房车质量的责任。

如果你打算升级现有的房车，那么问题很简单。首先，检查车辆铭牌上标示的最大许可重量，然后在电子地秤上获取其当前重量。假设没有超过重量限度，你可以选择加装或去掉哪些内容。记得在计算总重量时要把所有车载人员与其他一切重量都考虑进去。

重量计算不可避免地牵涉一些专有名词，在技术贴里汇总了相关的名词解释，例如有可能引发超载的"最大承运重量"。假设一款房车带上所有乘员不能超过3500kg（3.5t）。加满油而没有任何负载时的房车重3200kg，明显比限重少300kg。这300kg就是它的"最大承运重量"。

而实际上超过300kg是毫不奇怪的，可能由于多种原因，如乘客、食品、衣服、休闲用品、遮阳板、储气罐、可移动设备、

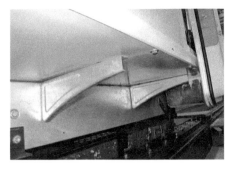

左图：当经常被忽略的外伸支架被安上后，房车地板、墙面与内部设施在测试中均完好无损。

下图：在底盘部件中加装含蜡的防锈剂是非常有益处的。注意：这里的操作人员本应该穿戴防护衣。

技术贴

载重术语

重量以kg(千克)为单位,1t=1000kg

实际装载重量(ALW):这是一辆房车的总质量,包括驾驶员和乘员、所有生活用品、燃油及其他房车辅助设施。实际装载重量由电子地秤来确定,以保证其不超过车的最大技术许可载重(MTPLM)。

最大技术许可装载重量(MTPLM):指的是汽车在合法范围内允许承载的重量,有汽车底盘生产商确定。它曾经称作最大装载重量(MLW)、最大授权重量(MAM)、车辆总重(GVW)。这些名称并没有本质区别,车管所(DVLA)使用最大授权重量而房车业使用最大技术许可满载重量。

最大行车重量(MIRO):没有载重时(载重运输工作前)的汽车重量。通常是在包含满油箱、重要液体和一些生产商手册里的预估驾驶员重量(通常为75kg)。

最大承运重量(MUP):是汽车的最大运输能力,由最大技术许可装载重量减去最大行车重量。由于缺少对所含内容的连续性或疏漏,75kg的驾驶员重量计入最大行车重量里,在对比出版的载重信息时会略有出入。

最大车轴承受重量(MAW):车的前后轴(桥)也有最大重量极限,而且绝对不能超载。通过一次驾驶一个轴到电子地秤上,就能测出前后轴各自的最大承受重量。

拖挂总重(GTW):这指的是车辆与拖车,及所有载重的重量之和。当拖拉一辆重的物体如轿车,留意这个限重非常重要。

信息铭牌:关于各种重量的信息通常铭刻在发动机舱盖或车门附近。

发动机舱盖附近的铭牌上显示的汽车各种重量限制。

工具箱、盥洗用品,以及你计划加装的额外房车部件等。这些可以分成三类:

- 重要装备: 储气罐
- 个人用品: 衣服食品
- 可选装备: 太阳能板

这样做仅是为了分类的简洁。各部分重量之和,以及它们所处房车的位置才是重要的。如表格中所列的最大车轴承受重量(MAW),解释为前后轴有各自的承重限额。在极端的情况下,如果大部分载重规格均在房车的重量限制内,但你欠考虑地将所有东西都放在后部,就可能因超过最大后轴承受重量而违法。你要修正一下它们的分配位置,使其重量被前后轴合理分担。

这是一个很长的话题,在《房车手册》这本书中对此都有丰富的细节内容。此处的主要关注点,在于看其对DIY改装者的影响。

自建房车的限重确认

在开始任何房车改装工作前,自建者检查其底盘车辆的重量和前后轴的各自限重是很重要的。对于绝大部分人来说,获得这些信息最容易的途径就是把车开到电子地秤上去。当地有关单位提供这项公共服务。一些私人的电子地秤在被请求的时候,也对大众提供此类服务。这可以通过电话确认清楚,而且最好弄清楚工作时间、所需费用、需提供的证明、抵达的方便性及到访时间是否合适。

在经历此过程时要注意一些要点:
- 油箱状态(最好满油)
- 工具箱、千斤顶和备用轮胎在车上吗?
- 如果升级一辆旧款房车,清水箱与污水箱里还有水吗?(最好没有)

通常每测一次重量,要支付一笔费用。先测整车重量,减去驾驶员体重;然后再把后轴停放在电子地秤,这个重量也会

左图：当使用商用电子地秤时，最好避开繁忙时段。

被记录。你可以再测一次前轴承受重量，很多人用整车重量减去后轴承受重量来计算出这项参数。

务必保留好打印的信息，上面有日期、车辆注册号和重量信息，最好也包含行驶里程数。

通过比较改装前这些实际测量的重量数据，对比信息铭牌上的最大技术许可装载重量和前后轴最大承受重量，你会知道能增加的改装重量，以及辅助设备和容纳的乘客有多少。

在改装中为了监督任何重量的增加，强烈建议及时检查。这会随着工程的推进而提供指导，看看你的努力方向是对的（还是错的）。它也能显示什么辅助设备随后还可能添加，而不至于使车辆违法超重。

一旦完成改装，车辆要最终称重一次，以确定可用的承运重量（用来容纳乘客与度假装备）。

左图：记录完整车总量后，再测量后轴承受的总量。

这项策略在第8章和第9章描述的有"案例历史"的车辆被改装好后采用。在这些报告里有从电子地秤称重获取的数据，并与其铭牌对比。

可惜一些自建房车者没有跟踪记录房车的重量，对其是否违法毫无概念。这可能在交通事故中导致一些令人头疼的问题，尤其当一辆超载车不符合保险的条款时。不要犯这么可怕的错误。

翻新与重建房车

改装一辆自己房车的途径之一，就是着手一项升级计划。但这可不是没有挑战的。

毫无疑问改装一辆房车从草图开始到拥有它，是一件需要大量时间才能完成的事。虽然这能够获得丰厚的回报，但不是所有人都有时间可以投资在这项需要缜密设计与实施的事情上。因此很多房车自建者采用一种替换策略来更新现有房车。先购买一辆二手"毛坯车"，然后依据它绘制设计图纸。若你买的车有现行MoT许可证和一些未过期的道路税，这当然更好，你就能在升级期间使用它，这可以分散你投入的金钱与时间成本，而不必着急让它上路。你也能有一辆可能用来收集、比较各种建材的车，例如把新地板铺在胶合板上。

一些DIY发烧友不满足于此，他们会选择翻新一辆经典车型。这样的计划可能受其个人目标的鼓舞，可能源于一个愿望，即重获对一辆很久以前曾拥有过的车的记忆，或与家人度假。

怀旧，是翻新经典车型的一大因素。作品完成后将成为与过去时光的连接纽带，而不仅是一辆能使用的房车。事实上，一些车主实施这样的完美升级计划，并且不愿意轻易使用改装好的房车，除非在良好的天气时才会上路行驶。

只有房车改装者能决定升级计划的最终方向。在第81页展示的大众品牌翻新案例使这种意图很明白。尽管目的是重装一辆基于1973年 Westfalia改装的大众T2，这是一项坚定而辛苦的劳作，完成后的露营车可日常使用。它并不是盲目地被复制成原来的规格，升级工作保留了它的特点，但这款大众露营车装备有现代设施，如新的燃气供暖、一个230V的总电源和独立的备用蓄电池。一些读者认为这些装备很正常，另一些则认为这是对经典车型的不当处理，保存老爷车的纪念意义是他们的信条，加装现代电器是不可接受的。

右图：具有"分割的前风窗玻璃"特点的大众 T1 面包车，在 1950 年至 1967 年间生产。它看起来太漂亮了，以至于不舍得在糟糕天气下使用。

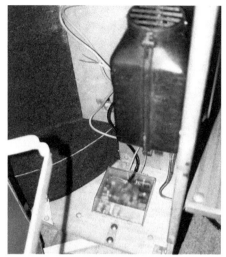

上图：《房车杂志》前任主编 Steve Rowe 出于怀旧心理，决定买一辆升级过的大众 T2，他曾在学生时代拥有过一辆。

右上图：出于舒适性的需要，这款 Westfalia 改装版 T2 安装了紧凑型 Truma 1800E 暖风机。

右图：安装好的 Truma 暖风机很不起眼地藏在后排座椅下方。

最右图：在起居室内安装了出风口和暖风管道。

成本

　　不管你是要把现代房车翻新，还是改装一款具有经典车型特征的房车，这两个计划有共通之处，那就是成本考量。

　　房车杂志经常搞一些系列的改装计划，当车主买了车之后，在随后几个月里跟踪报道改装进程。这个项目为读者提供了很多主意。

　　然而，成本是需要牢记在心的。专业杂志能获得普通读者无法得到的设备与材料。杂志里说的价格可能是内部协议价，因此个人要在计划中执行自己的成本分析。

　　超出预算支出是经常出现的，尤其在购买织物与软装潢方面。毫无疑问，典型的提升计划将涉及对有年代感的内饰进行翻修。要做到焕然一新需要由专业人士来做，且花费不菲，何况现在不像当年有这么多汽车室内装潢专家了。即便职业改装者也面临供货困难，何况要记住有季节原因造成的运输延误。

　　像这样的工作就需要大额预算，当执行成本预算时，问问你自己是否翻新所需花费比车的实际价值要高。如果这是可能的，你会因自己的投资回报而失望，特别是你将来打算把这件成品卖出去的话。

节省劳动力

　　投入时间改装一辆房车比买一辆新的房车会省很多钱。一辆需要大量重建的

上图：《房车杂志》经常买一辆"工程车"，像这款Talbot Express Elddis 320 Autoquest，作为房车重建系列的主题。

右图：当装饰条后面的密封胶干了之后，房车的裂缝从此开始产生。

右图：无线电潮湿检测仪在测量时不会留下痕迹。

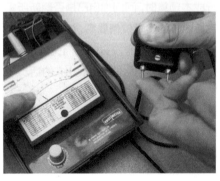

右图：Protimeter电子潮湿检测仪上的探针能发现哪里会有潮湿问题。

房车是典型的例子。

就大部分房车而言，在密封件老化、失去弹性时，潮湿便渗进其结构里。这在底盘加装式车型中很普遍，而且一个正在解体的车身框架对车体结构是很大的威胁，更不用说里面的状况了。

专业车身修复者需要相当长时间来做这项工作，且要为其支付高昂的报酬。这就需要进行权衡，DIY修复者能带来最大的影响是避免你花费太多。然而，当你在比较要购买的潜在车型时，需要判明损坏的现象是局部的，还是已经影响到大部分车体。

潮湿检测

当考虑要买一辆受潮的房车时，你需要对其做潮湿检测。最常见的是电子潮湿检测仪，尽管昂贵的无线电潮湿检测仪也能用上。大多数采用两根针尖探头轻缓地插进内部胶合板。如果受潮，微弱的电流将通过板层传输，检测仪上会显示读数。

潮湿检测仪可以从DIY商店里买到，但一些便宜的款式并不好用。专业的服务技师通常使用Protimeter品牌的检测仪，它们会比一般的检测仪贵100英镑。检测仪的使用需要专业技能，你得知道要去看什么，以及怎样理解读数。

数据采集

最重要的是彻底地检查，尤其在房车内墙有霉斑的地方。通常在以下地方采集读数：

- 所有的窗户周围
- 灯、通风口和天窗周围
- 门外侧周围
- 内墙靠近道路照明灯与标志灯的地方
- 排烟与冰箱管道
- 铝制表面的内饰零件与铰链连接处

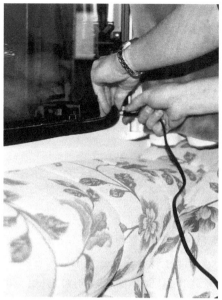

最左图：潮湿检测包括窗户与车门周围的读数。

左图：为避免探测仪留下微小的针孔，好的服务工程师会尝试从窗户的橡胶条里面获取数据。

- 辅助设施或零件附近, 比如电视天线
- 遮阳棚的轨道

　　在车内的检测不能留下明显的探针插入痕迹。这并不是很容易, 但有个好主意是可行的, 剥开窗户周围的橡胶条, 把探针插入里面隐藏的胶合板。

经销商潮湿检测服务

　　经销商提供的常规服务中含有调查性的潮湿检测, 而且不贵。完成后, 你将得到一张统计表, 上面显示所有数据采集点都已做完。一辆中等大小的房车有大约50个检查点, 而且若读数标有潮湿百分比将会很有帮助。要知道有的经销商并不会因为你索取一张图表而觉得麻烦, 这会使得后续工作做得更好。没有这些信息会给修复工作带来困难。

修复受潮区域

　　在开篇章节, 有照片展示了底盘加装式房车的车身由预制墙板构成。大块的泡沫隔热物被里层的薄胶合板与外层的铝或很薄的玻璃钢夹在中间。

　　也许你以为和老式的被子状填充隔

技术贴

解读潮湿检测读数

　　最好的潮湿检测仪会以百分比来显示车体结构的潮湿程度。廉价的检测仪只提供红绿灯指示, 没什么用处。好的检测仪量程从6%直到木材纤维饱和值以上。通常推荐的工作温度从-10° C到45° C。

　　要知道像木材这样的材料原本就带有湿度, 如果读数是8%不必多虑。房车服务专家对于潮湿百分比有如下解读:

　　0~15%, 不必担心;

　　16%~20%, 进一步调查;

　　21%及以上, 需要启动修复工作。

- 临时的冷却源会改变读数——如车内放置一壶水。
- 在测试前, 起居空间的内部温度要始终保持恒定。这意味着碗柜、衣柜、储物柜都要清空, 且把门敞开。同样, 洗手间和分隔门也要打开。
- 在墙的中心部位有金属板的地方, 检测仪会有工作偏差。它们被生产商嵌入墙内以提供柜子的固定点。

进行潮湿测试前, 所有储物柜要清空且门要打开, 以稳定室内温度。

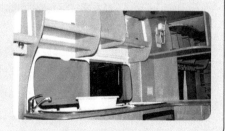

右图：在一些铝制外皮的房车上，能发现微小的洞。

最右图：车身铝制外皮与已经潮湿的隔热材料一起被拆卸清理。

热材料的板材比，雨水不再那么容易渗入复合材料板内，然而事实不是这样。在很多例子里，裂缝是从生锈的螺母在固定装饰物、遮阳板、窗户时的接触开始，通风管道提供了渗漏点。当不定型胶泥失去黏性，出现干裂、剥落时，这些渗漏点便暴露出来。

改装的房车很少会进水，但不要认为这永远不会发生。进水常发生在零件与房车钢制车身板连接加固的地方。塑料窗框与车顶通风是薄弱环节，因为它们膨胀和收缩率与钢板不同。那种由橡胶包裹的窗格也会进水，尤其当它们所安装在的玻璃钢板有不连续的厚度时。

水非常善于寻找侵入点。即使最小的针孔洞，在铝制车身外皮中也是造成一片片潮湿的原因。

注意：如果铝板里面的木制支撑物在工厂经过氰基防腐剂处理，那么可以认为它不受此问题的影响。

当然，在开始修复之前，你要确认水从哪里进入。这可不容易，因为水会流经诸多易受潮部位——在木制材料上一片受潮发霉的区域会距离水穿透车身的地方相当远。

对于墙板并不是连接在一起的老式房车，问题集中在车外侧。如插图中显示的那样，外皮先被剥离掉，以使清除其下的受潮的隔热材料。如果需要的话，一些木制支撑零件也要更换。在支撑部位与胶合板层表面均是干燥的情况下，在中空部分填充新的隔热材料并用黏合剂重新连接铝板。一款Sikaflex-512房车黏合剂在这时就特别好用。然后将你的注意力转向内墙——某些3mm厚度的装饰胶合板可能也要替换，尤其是如果它们已出现被霉菌侵染的情况。

最后，重新铺上装饰条，如果用Sikaflex-512房车黏合剂就不再需要螺栓来固定了，这是有极大好处的防水处理手段。然而，因为匹配的部件需要保持在原位至少12小时，在产品生产线上不使用这种黏合剂；最大的连接强度可达24小时。

当要处理一辆有这种三明治夹层式墙板的房车时，大部分修复者得从内侧入手。如果你不得不移开柜子等家居以够到损坏的区域，这很正常。

这需要撕掉内侧被污染的3mm厚胶合板，接着除去聚苯乙烯填充物。小的区域你可以自己搞定，然后在房车外侧重新黏合新的泡沫板，接着是3mm厚的装饰墙板。

地板修复

房车另一项有时需要修复的是质量开始恶化的地板。这种问题不大可能由进水受潮造成，而是通常随着服务商在将隔热

泡沫与胶合板粘接后，开始失去黏性，这被称为"分层"。尤其当你发现地板"咯吱咯吱"响，在某些区域有踩在海绵上的感觉时，就得赶快维修了。有时最上层铺板会鼓起来形成大的"水泡"，可以通过地毯来覆盖。

修理工作需要一个修理套件，包括塑料注射器、木制销钉、两包液态胶。修理套装可从Leisure Plus 或 Trade Grade Products (TGP)这两家店买到。工作步骤是，先去掉地毯或黑胶，钻一组矩阵孔，混合两批化学材料，注射产生的催化黏合剂，在孔里安插销钉或塑料帽以防黏合剂流出，最后将一层板用一个重物压在修复区域上。

这并不是一个多难的工作，但有的经销商不愿意对公众出售修理套件。这是千真万确的，譬如DIY爱好者在注射黏结化学品时出错，将无法重新再来。一次只混合少量黏合剂是很重要的，因为两种化学品的反应非常快。某些未留神的修理者忘记了在第一种材料中添加十分重要的第二部分强化复合材料，然后化学反应不会被激活，注射到地板里的液体毫无作用。因此你的工作要非常讲求方法，而且要认真对待——地板是你不想失去的房车的重要部分。

地板层下修复

不管是否决定要翻新一辆老式房车，车内地板、底盘与行驶系统的状况很可能很糟糕。在新的部位处理腐蚀与焊接，并采取防锈措施是整个工程中最难以令人愉快的。使用对眼睛、手与呼吸有保护作用的穿戴设备极其重要。有时，专业技师在工作中也会忽略这些预防措施。

安全事宜也涉及工作开始处。如作者多年所总结的，在没有被举升的车底下工作是安全的；但你要处理底盘的话将会无比困难，比如把漆涂到驱动轴上，这就是所遇到的难题之一。

要记住所有的安全建议。任何情况下都不要在仅仅被可移动的支撑物抬起来的车底下工作。不要指望砖头之类的东西，它们太小而且作用于不合适的接触面。在有大量修复工作要完成时，使用稳固的举升装置非常重要。

在下面的图片中，车辆被商用举升设备架起。有两种不同的工作方式：第一种，准备好底盘零件，然后涂漆；第二种，在精密的部分使用不同种类的含蜡产品。

注意： 如之前章节提到的，不宜在AL-KO底盘的电镀部件上加上保护涂层。

车辆薄弱点

大部分车辆都有各自明显的弱点，而且对于车龄已经很长的旧车，它们的车主都充分报告过车辆的故障。因此，从车主

修复发生分层的地板

安全注意事项：遵守所有生产商提供的安全建议，尤其是与个人穿戴设备有关的。

1. 上面的板层移走后，地板下与厨房单元毗邻的海绵被证实已经与地板发生分离。

2. 用水平仪的垂直边能发现发生分离的胶合板上有略微凸起。

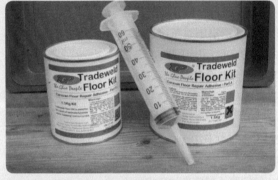

3. 有些修复用品可以买到。这个修理套件在 Trade Grade Products 商店有售，且附送有刻度的塑料注射器。

4. 你不用非得从地板的下方开始钻，胶带绑在钻头上可指示深度。

5. 在测量区域内的 42 个孔完全覆盖了地板发生分离的部分。

6. 临时插一个销钉，按进去，你会知道在注射化学品前要配好多少销钉。

7. 两种测量好的化学品按指定的比例混合，每次混合少量，然后倒入海绵。

8. 将黏合剂注射到孔内，好的区域几乎不会吸收它，大量的黏合剂会扩散到发生分离的地方。

9. 注射的黏合剂若溢出洞孔，就敲个销钉进去。立刻将留在地板上的黏合剂擦掉，干了就将难以清除。

10. 铺一张棕色纸在修复区上，在其上盖一层厚板，再压些如砖块一类的重物。

重新喷漆

1. 用商用举升机把车辆抬升，以检查地板下的原件状况。

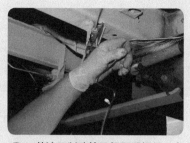

2. 若液压制动管已经严重损坏，在它变得更糟之前及时更换是明智的。

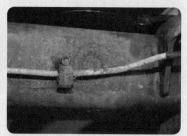

3. 此车经喷涂的钢制轴套管已开始局部损坏。

4. 当安装有拖车杆时，发现它的表面被腐蚀并不稀奇。

5. 此处决定使用一个气动砂轮机和 3M 公司规格为 Roloc 50.8mm 36 级的砂轮。

6. 3M 公司的产品附有操作说明和有关扬尘等其他问题的安全建议。

7. 微型砂轮机的好处之一是能够处理复杂表面，有较理想的作用。

8. 在非亚特 Ducato 车型的底盘上，这款砂轮机也运行良好，底盘部件表面的锈渍被清除掉了。

9. 没有处理好的表面涂漆会造成长远的问题，但底盘的这个部分可以喷涂。

10. 技师采用 NEXA Autocolor 防腐底漆，另一种受欢迎的品牌是 Hammerite。

11. 这辆车被举升机架起，涂漆操作比较容易。

12. 给非原厂设计的钢制外层托架喷涂防腐漆是很有益处的。

除锈打蜡服务

1. Rustbuster 是深受房车车主认可的除锈服务商，拥有处理房车的人才与设备。

2. 很少的防锈专业公司有分离式举升机，能把卸下车轮的车抬起来。

3. 不卸下车轮来，准备工作和防锈处理就不能有效开展。

4. 防尘套被从轮拱的内侧取下，于是螺旋弹簧悬架附近的问题区域可以够得到。

5. 这部 12 年车龄的菲亚特 Ducato Maxi 车型很快就表明了它在处理之前需要被焊接。

6. 驾驶员一侧严重损坏的底梁通常是看不到的，尤其是在原来的保护层之下。

7. 新的钢板被焊接到损坏区域后，再用多种工具来做其他区域的预处理工作。

8. 封闭的区域内无法使用旋转钢丝刷，只能靠连接锤子把的刷子达到效果。

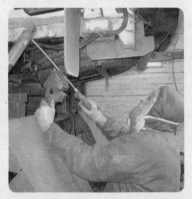

9. 对于隐藏深的部位，使用高压喷枪进行清理，吹走生锈的碎屑。

10. 现代的汽车底盘零件上有遮盖帽和环形垫，在注入干净的防腐蜡之前要把它们移出。

11. 经过两天的预处理后，要进行焊接与临时遮盖（如制动盘），并喷涂第一层黑色防腐蜡。

12. 地板之下的区域要缓慢而准确地喷涂第二层防腐蜡。这辆Ducato的寿命被大大延长了。

注意：在有的情况下，防碎屑工艺完成后可能需要第三层防腐蜡。尽管黑色的蜡会显得表面闪亮，干了之后会呈现出光滑而暗淡的表面。

俱乐部寻求建议是个好主意，他们乐于对车型分享直言不讳的评价。显然在此对比众多房车是不可能的，但自从以菲亚特底盘为基础的房车被频繁使用，可以了解某些需要周期性检查的部位。

寻找老款车型的零部件

寻找老款车型的零件很难。第10章介绍了一些通用零件供应商，但是特殊车型的零件就没那么容易找了。

从一家名为Just Kampers of Odiham的服务商那里可得到大众车型翻新项目的

以2000年左右推出的菲亚特Ducato车型为例

检查减振器——对这种程度的损坏不必惊讶。

此车散热器下的横向部件恶化得相当快。

驱动轴上的橡胶套开裂，这将导致无法通过年检。

因为房车比面包车停放的时间长，制动盘会生锈，就需要更频繁替换。

不经常使用车辆也加速了消声器的老化。

根据车龄与行驶里程数确定是否需要替换正时传动带，对于房车通常根据车龄来替换它。

右图：像 20 世纪 60 年代中期的 Bedford 面包车的零件就很难找到，但从 Adrian Bailey Classics 公司那里能获得帮助。

目录。而且要知道Danbury房车公司在出售大众露营车的现代改装版。还有一家专业的大众车型改装服务商叫The Farnborough 大众汽车中心。另外，若你倾向的经典车型是Bedford CF或其多种衍生品之一，提供这些已废弃和二手备用品的主要英国供应商是Adrian Bailey Classics。

老式车的车身修理

下一页的图片显示了大众汽车West-falia车型改装工程，由Andrew Glazier（他是 Farnborough大众汽车中心的经营者）为客户而做。

像这样的车身修复会令人激动。当处理小刮蹭与局部损坏时，现代涤纶树脂充物的确能获得令人满意的结果。然而在大多数工程中，修复大面积恶化区域要靠焊接上新部件或安装一个替换板。

在开工前，严重腐蚀的车辆通常需要在车内清理一番。在这个工程中，所有家具在焊接工作开始前都被移到一边。

大多数大众露营车的板材还能用，这帮了很大的忙。在别的车型上就没这么简单了，但不要忘了技术专家们，像V&G的专家们，他们能修补一个被腐蚀的板，还可以制作一个玻璃钢模具，然后造一个全新的复制件去替换它。这些流程在第14章中有介绍。

替换一个玻璃钢复制件可能不如安装一个新钢板那么好，但它在结构上比在腐蚀区域采用填充胶更可靠。尤其当铁锈开始蔓延时，填充物会最终失去它的连接性。而且不要忘记玻璃钢板在未来不会生锈。

至于重建房车所涉及的其他任务，后面的章节中讲述的从草图开始改装的指导与翻新工程也有关。

技术贴

车辆修理

鉴于房车采用这么多不同车型为基础单元，这就远超越了本书对发动机、变速器、悬架、车身与行驶系统建议的范围。然而，这有很多Haynes 公司出版的相关书籍，包括：

- Bedford/Vauxhall Rascal and Suzuki Supercarry (86–Oct 94) C to M
- Volkswagen Transporter 1600 (68–79) up to V
- Volkswagen Transporter 1700, 1800 and 2000 (72–79) up to V Classic Reprint
- Volkswagen Transporter (air-cooled) Petrol (79–82) up to Y Classic Reprint
- Volkswagen Transporter (water-cooled) Petrol(82–90) up to H
- Volkswagen Transporter Type 3 (63–73) up to M Classic Reprint

这些书籍侧重于车辆元素，但没有罗列特别详细；信息并非总包含柴油车型或安装改装车身的车型。

其他Haynes公司出版的专业书籍聚焦于特定的任务：

- Haynes轿车车身修复手册
- Haynes焊接手册
- Haynes制动手册、化油器手册、柴油发动机手册、轿车电子系统手册和发动机管理系统手册
- 房车手册（第3版），作者John Wickersham

关于Talbot Express车型的手册在Peter Russek的系列中有，书中附录能查到。

重建大众T2露营车

1. 翻修之前：某些对这款车的重建工作已经开始，它还很糟糕。

2. 翻修之后：经过很多小时的辛苦工作，它已成为一辆令人愉快的设施齐全的露营车。

3. 这看起来很令人沮丧，但必须把车内部件全部拆卸出来才能开始焊接工作。

4. 车门下腐蚀的挡泥板要彻底替换掉。

5. 替换已严重腐蚀的侧门底部。

6. 在后轮上方安装新的板材。

7. 保留一小部分原有的车头板材，从供应商 Just Campers 那里能得到替代品。

8. 崭新的车头板材焊接上后，整个进展已很显著。

9. 新的燃气暖风机装在保留的原有家具里。

第8章

厢式车改装

许多人通过改装厢式车而拥有了属于自己的房车。这是一项有意义的事，自己改装房车的成本通常远低于新车的价格。

一些户外爱好者把备用的衣服和一个旧床垫扔进一辆面包车的后部，前往海边或乡村。随行物品一般包括一个睡袋、一个轻便的炉子和一套简易炊具，他们知道一辆面包车就可以提供基本的住宿。

执行任务

1. 大众T5厢式车重量检查
2. 给后门装玻璃　3. 重新修整
4. 地板准备　5. 更多修剪和规划
6. 厨房电器　7. 存储空间
8. 车顶安装　9. 窗口准备
10. 窗户 安装
11. 床和橱柜安装
12. 主供电系统　13. 12V电力供应
14. 上下水设施
15. 供气系统
16. Dometic WAECO压缩机冰箱
17. 室内装潢工作
18. 窗帘、靠垫和桌子
19. 其他配件
20. 最后的重量检查

下图：在未改装的面包车后面睡觉不会暖和；而且露水也是一个问题。

使用这种未经改装的面包车与帐篷没什么不同——除了车顶是用金属板而不是帆布制成的。内部也会出人意料地冷，露水很快就会在裸露的金属板上形成。你当然不能把它称为"房车"，制造商和经销商会也不会称之为房车。

为DIY休闲住宿车辆安排保险的公司在这件事情上也很严格。防护保险的条款中写明，如果果车辆被视为房车，则必须安装以下设备：

1) 至少有一个固定床，最小长度为1.83m。
2) 带固定桌子的休息区。
3) 用于容纳水容器的永久性装置。
4) 衣柜或橱柜。
5) 永久安装的燃气灶或电炉。
6) 窗户安装在居住区的两侧。
7) 滑动或向外打开的车门。

另请注意，未经适当改装的小型面包车车主有时会被拒绝进入露营地。这样严格并不是没有道理。例如，如果没有适当的通风设施和低位置的排气口，在厢式车内操作轻型燃气灶是不安全的。如果要将车辆用作露营车，其设施必须经过精心规划，结构合理，对乘客安全，对邻近人员安全。

考虑到这一点，本章描述并说明了一种改装项目，该项目使车辆适合"居住目的"。"居住"一词现在用于制定欧洲标准的已出版文件中。此外，改装完成后，最终产品在英国标准和欧洲标准中被描述为"休闲住宿车"（Leisure accommodation vehicle,我国称为"旅居车"——译者注）（详见附录）。至少在英国，没有使用首字母缩略词LAV,

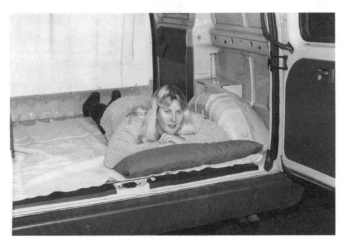

原因相当明显。（避免与其他"LAV"混淆，如美国LAV装甲车等，译者注）

节约成本和便利性

与底盘加装式房车相比，专业改装的厢式车是非常昂贵的。这是因为改装过程不能采用第1章中说明的生产线的方式。在货车的狭窄空间内，两个以上的操作员很少能同时开展工作。

在面包车内部有一系列复合角度，这些角度由车顶的弯曲侧面和斜坡形成。这意味着必须将家具单元与弯曲轮廓完全匹配。对于制造商而言，将家具模块安装在具有扁平垂直侧面的"盒子式"房车中要容易得多。相比之下，厢式车的改装操作更耗费工时，这就是最终产品成本相对较高的原因。

然而，对于以一己之力的自建者来说，反而不会受到大规模生产目标或轻型商用车内部狭窄空间的困扰。甚至可以说你通过改装一辆面包车来节省更多的钱，而不是从车身开始制造房车。此外，如果你从已经征税并投保的空车开始，在改装期间你可以驾驶它去往不同的地方完成不同的改装项目（不用平板车拖挂）。除此之外，它已经具有车身强度且不受天气影响，很容易理解为什么这种方法很受欢迎。

基本任务

第3章概述了必须执行的程序，第5章讨论了基础车辆的选择等问题，第6章介绍了所有重要的重量限制。其他主题如隔热、家具建造和寻找专业材料供应商也包含在后面的章节中。

在规划阶段有几个问题需要确定，例如，你想在露营车上选择什么类型的车顶？旁边的插图提供了四个选项。你还需要确定所需的设备和系统。以下是必须关注的事情。

不同类型的车顶

这种称为 Meteor（由 Murvi 制造）的固定车顶可能不高，可以在一些限高的道路通过。但是，你不能站在里面，做饭必须坐着。

Morello 是 Murvi 的另一种固定车顶改装类型，它具有隔热的地板和天花板。这款基于菲亚特的车型为大多数车主提供了良好的净空高度。

用玻璃钢（GRP）成型替换原始车顶是获得净空高度的常用方法，增加了良好隔热以便在寒冷天气中使用，但通过限高道路是一个问题。

配有帆布式升降的车顶也很受欢迎，可以综合以上车顶的优点。但是，如果你计划在冬天使用这种车辆，不可避免地会有热量损失。

冰箱

你是否希望享受三路吸收式冰箱（环保型、不用氟立昂一译者注）所提供的灵活性，该冰箱可以使用主电源、12V电源或燃气作为能源。这些需要切割一些小孔，用作排烟、散热和冷却装置用的排气口。或者，你喜欢12V压缩机冰箱，它不需要任何孔，不需要例行维修，或者你可以选择一个便携式的保温箱来代替。

空间加热

你想要安装一个使用燃气、主电源或两者兼有的加热装置吗？或者你会加装专门为冬天使用的主电源插座，以便可以使用小型230V便携式设备。

热水器

你会腾出空间来安装储水式热水器吗？或者你选择依靠你的炉灶和水壶？

卫生间/淋浴

你是否打算购买能够为紧凑型卫生间和淋浴房提供足够空间的大型厢式车？或者你会在水槽里洗手并且把便携式马桶存放在橱柜里？

储水箱或便携式容器

你会安装永久性的清水箱和污水箱吗？或者你会用便携式容器？

改装案例

了解厢式车改装所涉及的最佳方法之一是使用连环插图来追踪"真实案例"的DIY项目。当然，每个人的意图都不同，自己改装的重点在于你在所选预算范围内改装自己喜欢的房车。另一方面，接下来的部分可以了解二手厢式车的功能。

有一个攻略是由David Sellick撰写的，他专门教人如何改装房车。他记录了他是如何改装他的第一个"露营车"的。

他自己选择了配件和固定装置，这项工作花费了一年多的时间完成，总成本约为17500英镑，估计在此过程中节省了大约6000英镑。当然，你可以花比这更少的钱或花两倍的价钱选更好的设备。无论如何自己改装的房车都是独一无二的。

基础车辆购买

前文已经说过，如果你打算购买一辆状况良好且适合改造的二手轻型商用车，请不要认为你的任务很简单。这个案例也不例外，最初的目的是花费6000英镑含增值税，但花了半年多的时间用于搜索也无济于事。检查了数十辆汽车，但没有人认为符合要求。理想情况是大众T5，也检查了其他品牌，大多数被拒绝。

要特别注意几个车辆经销商，Middlesex房车公司提供的三辆大众T5车源状况良好。该制造商通常自己使用近乎新的车型进行专业改装，并且知道许多二手厢式车的供应商。

三个中最好的一个具有以下规格，并在路试满意后决定购买：

改装前重量检查

在开始改装工作之前，对基础车辆进

制造商	大众
型号	Transporter Trendline 102，短轴距
税收等级	欧4轻型货车
排量	1896mL
发动机	柴油机
整备质量	1853kg(空载)
座位数（包括驾驶员）	3
颜色	蓝色（非金属漆）
首次在英国登记的日期	2006.9.28
二手车详情：	
提供日期	2010.3
先前所有者的数量	1
附加功能	电动车窗，空调，工厂舱壁

细节	全程服务历史, 里程14.3万km, 12个月MoT
价格	7995英镑不含增值税, 总价9594英镑(含20%增值税)
大致情况	以前的车主是一家提供商业烹饪设备的公司。车辆包括一对没有窗户的后门, 车身无损坏, 有完整的服务记录, 12个月车辆税的价格是125英镑

行称重非常重要。为了准确, 应该加满整箱燃料来完成, 这意味着在燃料方面必然会增加重量。

到达称量台后, 通常的做法是让驾驶员和乘员下车并在称重时走到到安全的地方。你还应记下车辆中可能已存在的任何设备, 通常包括备用轮胎和基本工具包, 但可能还有其他项目要记录下来。

随后的计算显示了添加改装材料的范围, 记住除了所有必要的固定装置和配件外, 还必须有足够的剩余有效载荷, 以便为乘员以及他们的食物、饮料、衣服和所有假日设备提供服务。超出制造商规定的最大技术许可满载重量(MTPLM)和轴重限制不仅是违法的, 它可能会使乘员和其他道路使用者面临事故的风险。

在整个改装过程中, 了解冰箱等重型设备和蓄电池等辅助设备的重量会很有帮助。为了确保工作"正常", 同样需要对这些设备进行谨慎的重量检查。现在让我们来看看我们的大众厢式车的重量:

称量数据

改造之前(2010.4.16)	
满箱柴油, 里程14.3万km, 没有驾驶员, 除了露营车钢床架外没有其他后装设备	
总重量	1880kg
后轴重量	740kg
前轴重量	1140kg
车辆铭牌上显示的重量限制	
MTPLM(最大技术许可满载重量)	2800kg
GTW(拖挂总重)	4900kg
前轴	1450kg
后轴	1550kg

1. 大众T5厢式车的重量检查

在 Middlesex 房车公司的帮助下, 车辆被用于道路测试。

最大技术许可满载重量(MTPLM)、拖挂总重量(GTW)和轴重会在发动机舱内的铭牌上标示出来。

配备整箱燃料的车辆总重量(没有驾驶员)被记录在地磅上。

将车辆从称重桥上移开, 然后仅将后轴放置在称重板上。

所有信息都显示在信息记录仪上, 然后打印出来供客户使用。注册号、日期和重量详细信息包含在表格中。

预估的改装重量

2800kg(MTPLM)—1880kg(实际称重)

= 920kg

因此, 在制造商的限制范围内, 可以添加920kg。这将由驾驶员、乘员、安装设备、便携式设备、食品、液体和个人物品组成。

在所有改装操作完成之后, 在最后检查时的重量将在本章末尾给出。

改装操作

有了这些信息, 工作可以从改装本身开始。为了深入了解所涉及的操作, 跟踪进度的插图报告是本章的关键部分。

2. 给后门装玻璃

　　一些大众T5厢式车的后门已经有玻璃，还有的型号是使用掀背式顶部铰链门。首先改装者决定为这些原本没有玻璃的后门购买原厂玻璃，并由专家进行专业安装。我们看到了正在进行中的操作，但对内部的粗糙边缘感到失望，因此决定下次自己进行细节工作。

　　注意: 用于将玻璃与金属黏合的黑色黏合剂可从Sika 公司及其分销商处获得。但是，在固化过程完成之前不应移动车辆，在某些情况下，建议等待24小时。

后窗可以从大众轻型商用车的经销商处订购，并且尺寸精确。

安装玻璃边框压胶条

一个硬的装饰条是从一家汽车供应商那里获得的，但却未能掩盖一些粗糙的切边。

现在许多风窗玻璃和门窗玻璃使用黏合密封剂粘接，这需要几个小时才能固化。

3. 重新修整

改装车安装了许多乙烯基板，但多数还是在板上覆盖一层轻质装饰织物。这种柔韧的螺纹材料购自Middlesex 房车公司，许多小改装厂都有类似产品的库存，并且有多种颜色可供选择。

注意： 这里显示的所有修剪过的面板都是使用最终装有装饰盖的螺钉临时固定到位。一切都是可拆卸的，因为随后必须在面板下方安装12V和230V电缆、水管、燃气管和隔热材料。由于这是一次自己改装，因此不可能完全清楚不同设备在何处安装，而电缆必须在装饰板下方走线。显然，专业制造商有完整的设计并定型，这样线束等隐蔽工程都事先规划好。

简单的手动工具用来改装。钉枪不是特别常见，有些装配工采用其他固定方法。

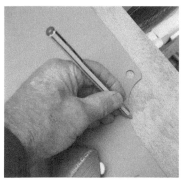

早期的大众面包车用 3~4mm 厚的装饰板做图案。

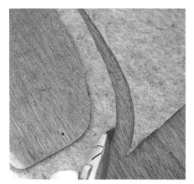

使用竖锯切割该胶合板，并用砂纸打磨，然后用作装饰材料。

几种类型的黏合剂用于固定装饰材料，包括地板和地毯黏合剂。

在某些情况下，决定使用，Evo-Stik 黏合剂，用刷子涂抹。

为了固定装饰材料的周边，使用了钉枪，但必须使用适当长度的钉。

在该面板上，用于螺钉固定的孔要与大众面包车上的孔洞位置相吻合。

虽然稍后要将其移除以添加电缆和绝缘层，但是该面板不应该被拧在了轮拱上。

4. 地板准备

二手车一般都将地板铺设在地板龙骨上，并带有自攻螺钉。但由于长期使用磨损严重，一般状态都不好。当将地板卸下时，下面有大量的砂砾和其他泥土，这些泥土要想办法打扫干净。

注意: 在没有用防锈处理保护的情况下在地板上钻孔是不好的做法; 但可以通过将板条黏合到地板上来消除这种情况。这些板条不仅为家具和家用电器提供了未来的固定点，而且还在地板层下方形成了空隙，该空间随后将用于容纳布线并包括纤维隔热材料。虽然地板层在这里看起来永久地固定到了板条上，但是为了添加组件和电缆，它被移除几次也是常见的。它还被临时用作标记后来添加的乙烯基地板的样板。

准备了 38mm x 19mm PAR（全方位刨）软木板条的龙骨框架以支撑地板。

需要花费时间仔细地锯切，准备好通过滑动侧门安装在脚部空间周围的板条。

使用 Sikaflex-512 房车专用黏合密封剂将木材黏合到金属上，但只有将表面清洁后才能黏合。

黏合剂也在建筑行业中销售，但要检查它们是否适合用于房车改装。

为了准确切割 13mm 厚的地板层，可使用纸模板。

当然，谁都希望将胶合板保持尽可能大的尺寸，但要检查这个面板是否适合穿过车门。

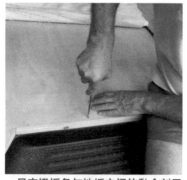

一旦支撑板条与地板之间的黏合剂已经固化，就将地板面板拧紧。

我们知道这个前面板需要稍后拆除，因此在这个阶段，入口周围的铝饰边并没有固定到位。

5. 更多修剪和规划

最初的修剪工作专门针对平板，但也有其他需要注意的表面，如金属轮箱。使用了相同的材料，这里简要介绍了工作，在地板上标记的过程，摇滚床的精确定位点，橱柜和其他存储单元。

注意： 改装厂商有一套完整的绘图板，也有人使用计算机辅助制图。但这里展示的方法都是快速简单推算的（不会太精确），改装爱好者Dave就是这样在简陋的条件下完成了对地板空间大致精确的布局。虽然家具可以通过自己制作来调整尺寸以吻合地板、但冰箱、组合式燃气灶和水槽单元以及钢制座椅底座的尺寸的限制不可忽视。

我们做了大量工作以避免钻孔，并使用Sikaflex-513 黏合剂将木垫粘在一起以提供固定点。

采用一系列垫片，它可以直接用螺钉、黏合剂或两者同时使用来固定。

对修剪轮拱的担忧是没有根据的，这种"第一次尝试"是一次无条件的成功。

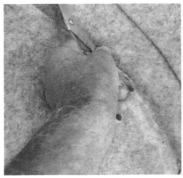

一旦材料被精确切割，就使用黏合剂并用工具将其压入凹槽中。

驾驶室座椅后面的隔墙被拆除，内部看起来更有居家氛围。

确定床框架相对于其他家具的位置，需要进行很多的检查和调整。

建议厨房单元直接面向滑动车门。

在五金店的帮助下，将准备安装的家具设备底部尺寸精确测量并做成 1∶1 绘图极，便于在地板上布局。

6. 厨房电器

鉴于这款短轴距大众车的紧凑特性，刚开始并没有计划建造淋浴间，也不打算加装热水器。水壶和炉灶完全能够烧热水，用于洗碗或冲泡茶。 然而，冰箱被认为是重要的，并且在设计橱柜时考虑到了这一点。

在看了房车展上展示的配件之后，改装者决定购买一个组合的燃气灶和水槽单元，但不配备烤架或烤箱。

注意： 重要的是事先预测这些固定设备所需的空间。 设计时，需要考虑所需的水龙头类型以及水槽旁边的空间。当选择了某种型号的冰箱后，要根据其尺寸建造一个外壳。

必须再次指出，此处所示的任何设备都不要着急固定安装。作者事后估计，在装配冰箱、安装管道、完成乙烯基地板覆盖物等过程中，厨房的这些部件可能已经定位并取出了十几次。

在车间中，使用燃气灶和水槽单元作为模板来标记在地板的标准层用竖锯制成的切口。

对于橱柜本身，13mm 厚的橡木面板是首选，它用螺钉组装，比较顺手。

Magnum M & CA 公司专门销售房车上用的各种成品门，这是一个没有进行装饰的裸件。

然后将塑料层压板安装到橱柜顶部，并用电动刨修整重叠部分。 也可以使用手动工具。

然后用三层亚光漆处理顶部和橡木面板的所有切口。

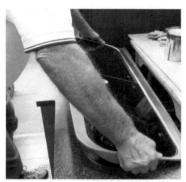

在最终安装之前，要多次尝试燃气灶和水槽单元是否合适。像这样的项目很少一次就成功的。

不锈钢部件配有螺钉；在准备胶合板时已经检查了固定点。

在将新的厨房组件放置在车辆中之后，需要进行"微调"，以便在其周围安装较小的物品。

7. 存储空间

一旦确认了厨房主要部件的确切位置，就可以为储水容器和两个丁烷气瓶构建一个安全通风的储藏空间。 此外，可以制作面板以封闭座椅结构的底部，形成用于床上用品和衣服之类的物品的储物柜。

注意： 如上所述，这些物品是为适应可用空间而制作的，在此阶段都应暂时固定。 同样，床最终将通过钢制底板牢固地用螺栓固定，目前阶段使用木螺钉固定是为了确定其与正在设计和组装的橱柜的位置。

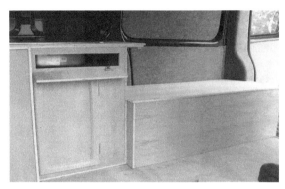

在厨房组件和后门之间，建造了类似的胶合板结构以容纳气瓶和清水容器。

再次使用橡木面板，并使用 25mmx 25mm 规格的软木板条将主面板连接在一起。

经过防锈蚀处理的角撑架将结构件固定在地板层上。 它的支撑板的位置已经标记出来了。

为了提供进入这个存储区域的通道，制作了胶合板门并安装在座椅框架的后部。

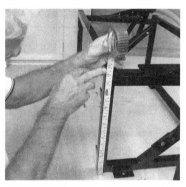

之前已经测量了钢座椅框架的高度和宽度，以便添加隔板。

在工作中，使用橡木面胶合板制作坚固的面板，以固定在座椅框架的前部。

它的最终固定将使用高强度螺栓穿过底板，但目前暂时用螺钉固定。

将从 Magnum 公司买的另一扇门安装在前面，并将合金角边条固定在顶部。

8. 车顶安装

从一开始就建议读者只处理他们拥有足够的工具、技能和知识的任务。因此，在这个项目中就根据基础车辆制造商提供的程序，由一个成熟的专业安装人员安装升降车顶。

安全警告

众所周知，一些安装人员拆下原来的车顶板及其所有横梁，然后安装GRP高顶模制件或升降车顶系统，而不添加任何形式的刚性框架。这是非常令人担忧的，最近出现了模塑车顶整体脱离了下面被弱化的车身结构的情况。可以理解的是，如果所有原始的钢制加固件都被拆除，模塑玻璃钢车顶很难提供足够的支撑力。

此处显示的插图可让你深入了解安装过程中必须遵循的预防措施，及完整的操作说明。

注意： 照片由Middlesex房车公司授权提供。这些照片对操作做了全面介绍，且详细说明了加固框架的安装。本书接下来介绍升降车顶组件的安装，这个组件通常比简单的高顶组件贵一点。

与德国产品一样，优质的车辆专用安装套件包括用于指示切割点的纸质模板。

拆下车顶衬里，松开 12V 电缆并将其移到一侧后，切割预先标记的车顶板。

切割车顶横梁的有效方法是使用一种金刚石切割轮。一些安装人员会使用电锯。

一旦顶板及其加强构件被移除，整个结构的强度就会降低。

现在，一个坚固的、专用的钢架安装在孔周围，并用托架固定在原来的固定点上。

在松散地施加黏合剂之后，将车顶四周铆接到新的加强框架上。

像 Sikaflex-252 和 Sikaflex-512 这样的黏合密封剂可以获得令人难以置信的强度。粘接后应该等待24小时才能固化。

升高的车顶安装好后，可以将多余的铺层板和装饰材料留给其他DIY改装者。

9. 窗口准备

自建者决定采用Seitz S4框架窗户。这些不是最便宜的丙烯酸房车窗户类型，但是使用的外框和内框以及窗帘收缩滚轮都有其优点。这些单独的框架使用特殊螺钉夹紧在一起意味着在这些互锁单元和车身之间形成紧密的配合。

Seitz框架窗户有多种类型和尺寸。有些是铰链式，有些是滑动式，有些则是固定式。通常选择铰链式，而在滑动侧门或后部车门上的窗户则不用这种类型，避免打开这扇门时，碰坏窗户。

在下一章中，将介绍在GRP外壳中装配框架窗口的过程。本章介绍在厢式车中安装窗户所涉及的内容。

注意: 随Seitz产品提供的说明书提供了有关此处未显示的几个问题的详细信息。例如，这些单元以不同的版本出售，以适应车辆墙壁的厚度。主要为冬季用途的车辆的预制隔热墙板特别厚，而在这种厢式车改装项目中，钢板只有几毫米厚，其软木框架被制成与所购买的窗户所需的厚度相匹配。

请参阅第118页至第119页，了解这种类型的窗户是如何安装在底盘加装型房车的墙壁上的。

这款 Seitz S4 窗户组件的黑色外框与奶油色或白色内框相连，内有遮光帘和纱窗。

一个软木框架是用 19mm 的木条做的，以适应这个窗外部分的凸缘。

然后将木制框架的内部尺寸复制到 4mm 厚的板上，对该板进行圆角处理。

由于胶合板将用于车辆内部，因此用其他地方使用的相同灰色材料进行修整。

当提供修剪的胶合板时，可以看到在室内需要安装更多衬里材料的位置。

现在可以检查修剪过的胶合板面板与窗户内框架的尺寸，以确认它是否完全合适。

将用软木板条组成的框架粘在修剪过的胶合板上，并且将外框架连在一起，看它是否仍然适合。

最后的准备检查是提供这个预先修整的面板和软木框架，以确定它将准确安装在哪里。

10. 窗户安装

　　准备工作至关重要，如前所述，所有临时安装的家具都被拆除，以便在安装窗户时让内部空间最大化。工作是在户外进行的，因此要事先查看天气预报。收集大量的G形夹子和板条备用，用于保护表面。

　　切割金属时，必须在外部安全平台上工作，并穿戴适当的安全服和护目镜。

　　注意：奶油色或白色塑料内框采用16个固定螺钉，小心地逐步拧紧，使内框和外框紧紧地连在一起。Seitz鼓励装配工使用扭力扳手检查螺钉紧固度，但大多数人都要小心谨慎，以确保塑料不会因过度拧紧而损坏。但是，不要急于将"装饰帽"扣在螺钉头上。它们一旦被扣上，就很难在不造成损坏的情况下移除，然而在安装过程中几乎总是需要进行调整。

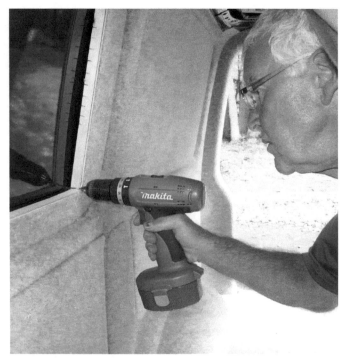

将木制框架暂时保持在室内合适的位置，在每个角的位置穿过金属侧板钻出孔。

防渗防漏

　　黑色外框周围有一条橡胶密封条，Seitz可以保证的是，如果框架正确地连接在一起，就不会有雨水渗入。当窗户安装在完全平坦的表面上时，情况就是如此。然而，这辆面包车的侧板就像许多其他厢式车的侧板一样，略微弯曲。因此，请注意雨后的室内布料，如果发现有细微漏水的迹象，请按以下步骤操作。

　　首先尝试拧紧螺钉。如果无效，则在外框边缘和金属面板周围贴上遮蔽胶带，在胶带条之间留下1~2mm的狭窄间隙。然后注入极少量的黑色Sikaflex密封胶，特别是沿着窗户顶部。

　　然后许多装配工直接用手指涂抹密封剂，使其形成平滑整洁的斜边。然而，Sika指出，不能用手指以免皮肤遭到腐蚀。应戴上手套进行操作，然后立即取下遮蔽胶带，确保它不会在车辆上留下多余的密封胶。

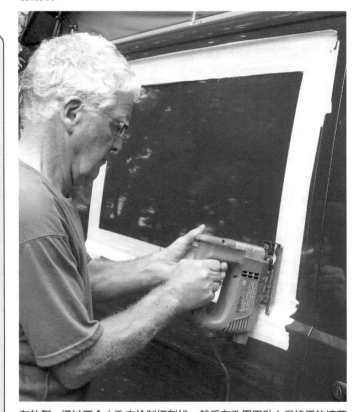

在外侧，通过四个小孔来绘制切割线，然后在孔周围贴上保护用的遮蔽胶带。

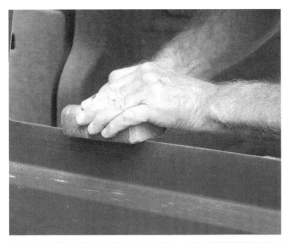

仔细控制图样可以产生精确的切割线，任何粗糙的边缘都可以用锉刀和砂纸去除。

在木质立柱上进行了锯切，允许轻微弯曲，因此板条可以贴合金属板的曲面。

将黑色 Sikaflex-221 小心地涂在木制框架周围；如果你不小心谨慎，这个产品可能会把工作区域弄得一团糟。

随着所有的束缚木材和工具准备就绪，将木材和胶合板框架从室内放置就位，外面需要一个帮手。

耐心地用 G 形夹子固定，并在需要时在木框架周围注入黑色密封胶。

取下夹子，最后将外框和内框安装在孔中。 从内部插入 Seitz 螺钉，将它们固定在一起。

11. 床和橱柜安装

在安装两个Seitz窗户后不久，拆除了修剪过的墙板，以便为车辆的侧面填充隔热层。有关大众车改装项目这一部分的插图见第12章，其中更详细地讨论了隔热。

在侧面板安装之前，布置了许多230V和12V的接线电缆。尽管在第16章中详细解释了电气问题，但在此大众房车项目中介绍一下供电系统的安装方式也很有帮助。当然，这里介绍的工序是以配置了230V控制单元的橱柜系统为前提，因此从床架的安装一起介绍。

注意： 虽然这些照片中的最后一张显示了在添加装饰、清漆和阅读灯之后成品橱柜的样子，但其早期的毛坯有助于读者了解电缆的走线问题。

使用更多的胶合板在长座椅/床下形成两个隔间。在未来，这个区域可能容纳一个小型暖风机。

通过提升座椅底座来留出这些舱室的顶部通道，座椅底座由螺栓固定到铰链支架上。

高大的座椅靠背也连接到支架上，当组件转换成双人床时，它会向后折叠。

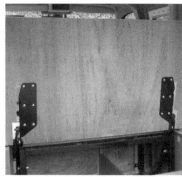

从另一侧看，座椅靠背铰链看起来令人不快，但整个面板后来都会被装饰面料覆盖。

随着床底尺寸的确定，工作转移到19mm厚的胶合板制成的大型储物箱，一直到天花板高度。

该储物柜的后部延伸至车辆后部的双开门。

两扇门采用 Magnum 公司的材料制成，左侧容纳 230V 控制单元和 12V 蓄电池

这张照片显示了最后接近完工时橱柜的样子，但是这个面板的后面是控制单元和 12V 电源的控制面板。

12. 主供电系统

在我们家中的房屋装修中，布线是要求非常严格的工作。在房车改装方面，要求稍微低点，但并不是说连接不良的配件和供电系统的潜在危险就不那么危险了。230V供电系统在房车改装工作中非常简单（见第16章），并且提供预连接的接线套件，使安装工作变得非常容易。如果你有耐心和动手灵活性来正确连接家里的13A插座，那么在房车中连接13A插座的任务大致相同。但如果有疑问，请找一位合格的电工为你做这件事。此外，完成安装后应由合格的电工检查，然后再投入使用。

注意: 双层胶合板上（见最后一张图）提供一个28mm厚的安装底座，可以接受25mm的螺钉。如果是单层胶合板将无法承载重物。

如前面的照片所示，单元安装在橱柜中，其安全开关可以很容易地看到和操作。来自控制单元的第三根电缆（带有白色绝缘套管）用于提供四个13A插座。这些插座分别向以下设备供电：①压缩机冰箱；②12V蓄电池的充电器；③电热水壶、手机充电器和其他低功率用电设备；④滑动门附近的插座。有关供电的详细信息，请参见第16章。

这里使用了在房车配件商店出售的Powerpart Wiring Kit供电系统套件，并且"控制单元"已经预先连接。

经销商也提供房车的户外插座，并配有防风雨垫圈。

虽然这种黑色插座经常用在厢式车上，但是为了美观，使用与车身相同颜色喷漆罐将其喷涂成蓝色。

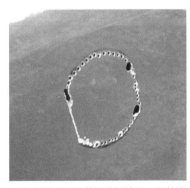

对这个椭圆形孔进行防锈处理，配件有一个大的保护法兰。

控制单元的橙色供电线必须连接到输入插座，然后直接连接到控制单元。

当它们靠近障碍物时，黑色套管用于保护电缆。

黄色和绿色条纹接地电缆（预先连接到控制单元）有一个孔眼，用于连接车身的未涂漆金属部分。

请注意控制单元如何安装，在 19mm 厚的隔板上粘贴上 9mm 厚的胶合板，以提供足够厚度的安装底座。

13. 12V电力供应

12V电器的主要供应源是房车蓄电池，通常安装在起居区域内。这次它被安装在橱柜内，该橱柜在床的旁边。

该车辆将配备仅在12V电源下运行的压缩机冰箱，因此安装了高品质的Banner Energy Bull 80A·h蓄电池。蓄电池通常安装在专用盒子中，在这次改装中使用了旧的TP2蓄电池盒。在隔间的一端有一个内置电源充电器。虽然TP2已停产，但通常可从旧的房车中获得，而没有内置充电器的标准蓄电池盒则在配件商店出售。

注意： 可以选择固定12V照明灯、水槽上的LED灯管和阅读灯的合适位置，所有面板和家具都可拆卸，可以在需要的地方精确地进行电缆布线并使长度尽可能短，以防止不必要的电压损失。

还需要另外两处特别接线：①从车辆起动蓄电池到12V配电单元上的蓄电池选择开关要有一永久带电电缆；②继电器开关控制（仅在发动机运行时运行）为房车蓄电池充电并在驾驶时使用12V电源向冰箱供电。这些在第16章的接线图中显示，且都是使用电子牵引继电器正确连接。

一个80A·h蓄电池安装在TP2蓄电池盒里，并配备了高品质端子夹。

作为安装策略的一部分，切割铝制角部以将盒子的底部固定在橱柜内。

10A内置充电器具有蓄电池状态和充电指示灯，可以很好地完成对80A·h Energy Bull蓄电池的充电工作。

像大多数蓄电池盒一样，TP2有一个保护盖，还有15A熔丝和一个双针不可逆输出插头，以保证蓄电池正常工作。

由蓄电池提供电源的电器都通过插头连接到安装在230V控制单元下方的12V配电单元上。

从另一侧看，带熔断器的12V配电单元有单独的开关，用于控制遮阳棚灯、水泵和其他12V配件。

当选择安装灯的位置时，将正确规格的12V电缆送入胶合板下面的导管中。

一对带电和中性电缆（2mm²）从配电单元延伸到12V插座，为可拆卸水泵提供服务。

14. 上下水设施

此次决定安装一对便携式水容器，来替代安装固定的清水箱的方案。水泵可将冷水输送到水槽，而在此次改装中没有安装热水器。安装两个容器的一个优点是可以一边补水一边使用。

在小型房车中，这样的简单系统易于安装且使用方便。在污水排放方面也是如此。小型房车有限的离地间隙使得难以安装污水箱。作为替代方案，你要么采用在车外设置两个水桶的方案要么就安装一个小箱在室内水槽下方。

注意： 这里描述的简单安排对于一辆小型房车来说还不错，但不会被大型房车改装者认可。这些大型房车都安装了清水箱。当清水用完时找地方加水也是个麻烦事。更何况这些大型房车都装有热水器和淋浴等储水装置。

决定采用 Middlesex 房车公司使用的系统，储水容器安装在门的附近。

优质的 Whale Premium 水泵以及推入式管道是这种简单供水系统的理想选择。

水泵上安装了一小段黑色软管，但系统的其余部分采用推入式半刚性管。

为了以后安装热水器，安装了带有高品质混水器的龙头。

水龙头有两个进水口，热水口尾部被封死，将冷水口连接到进水管尾部。

一段 Supaflex、光滑衬里的排水管涂有透明密封剂，并使用软管夹与水槽排水口连接。

污水从水槽排放到透明的塑料容器中，因此容易看到污水的存量。

尽管它占据室内空间，但它可以快速排放，且不会在寒冷天气中结冰。

15. 供气系统

安装供气系统、连接燃气设备和进行系统安全检查只能由合格的专业人员解决。然而，一个经验丰富、知识渊博的自建者应该能够安装低水平的通风设备并构建一个有效的固定气瓶的方法。虽然必须聘请专家来配合供气管道和设备的安装，但是可以由一位称职的木匠在管道柜中进行切割等准备工作。

有关天然气供应、设备和安全问题的重要信息在第18章中介绍。实际上，这种厢式车的改装非常简单，因为安装的唯一燃气设备是双眼燃气灶。然而，安装工作同样重要，因为涉及许多配件。

注意： 熟悉房车供气系统的合格安装工人将了解欧洲天然气供应压力的标准化，还有对新旧装置的不同要求，以及引入与丁烷和丙烷一起使用的"双气体"调节器。他们也充分了解最近因安装了壁式安装调节器的气体堵塞而导致的问题。第18章对这些问题进行了解释，并再次声明，不合格的DIY改装者应该把这部分工作交由熟悉房车供气系统的专家来完成。

房车的空间有限，因此决定在专门辟出的空间内安装两个这样的Campingaz 907型丁烷气瓶。

一个特殊构造的气瓶隔间必须有低位气体逸出通风口。

唯一的燃气设备是这个双眼燃气灶，燃气安装工将其供应管道降低到12V压缩机冰箱位置后面的地板下。

燃气安装工增加了一个T形阀，以防将来用电的冰箱换成使用燃气的冰箱。

最近专业改装的房车上都会使用一个壁挂式双气体调节器和多个设备的供应管路，每个设备管路上都有一个阀门。

设备的规格决定了所需的调节气体压力。这个最近专业建造的型号有一个安装在气瓶上的双气体（丁烷/丙烷）调节器。

燃气安装人员将就所需的调节器提供建议，并且一些设备将使用丁烷特定气瓶调节器。

安装燃气泄漏检测器是明智的措施。此外，安装一氧化碳探测器也是如此，该探测器采用内置电池供电。

16. Dometic WAECO压缩机冰箱

车用压缩机冰箱的优点越来越受到重视。它们不需要在车辆侧面切割通风口,通常不需要维修。当然,我们家中的冰箱也是压缩机冰箱,只是它们的制冷剂使用230V交流电源进行循环,而房车上则采用12V直流电源供应。

12V冰箱的缺点是当蓄电池失去电量时它就不能工作。如果你使用带有电源连接的露营地,这将会持续运行你的蓄电池充电器,蓄电池的问题显然不会发生。另一方面,如果你更喜欢远离电源连接的"野外露营",建议安装一个大型太阳能电池板,以便蓄电池电量得

到一些补充。除此之外,压缩机冰箱很容易装在面包车里。

注意: WAECO CR50也用于船只,因为它可以在倾斜30°的角度下工作。这确保它比吸收式冰箱

3°~6°的倾斜限制具备了更多的多功能性和操作可能性。这个型号也被确定为适合太阳能操作,它们的平均功耗约为40W。

橱柜在燃气灶下方有一个假面板,仅使用磁性锁扣固定。

决定购买可选的嵌入式安装框架,它不仅提供了很好的表面处理,还将套管的前部牢牢固定到位。

还建造了一个木质饰板,因为在冰箱的两侧有100mm的间隙,以便在橱柜中提供通风。

外壳必须固定在其位置上,但易于取出。在外壳的两侧,将板条固定在地板上,带有倾斜的"插销"。

为避免电压下降,12V 电源(此处显示为黑色导管)必须使用 4~5mm² 规格的 PVC 护套电缆,长度不超过 3m。

固定框架很容易,但是通过安装在套管顶部后面的横梁可以进一步支撑。

为了保护乙烯基地板免受冰箱腿的影响,将设备放到薄胶合板上。它的最终外观当然非常漂亮。

这款冰箱型号为 WAECO Coolmatic CR50,外形尺寸为 380 mmx 534mm x 500mm,总容量约为 48L,其性能满足了用户的期望。

17. 室内装潢工作

这一部分是另一项涉及专业人士帮助的行动。虽然可以在家中处理窗帘和靠垫的生产，但坐垫泡沫及座套的准备工作委托给一家专业制作房车座套的公司。这家历史悠久的室内装潢公司是为数不多的能够完成这样的"一次性"项目的专业公司。已经购买了面料，但是制作坐垫比预期的要复杂得多。

注意： 在本章开头提到了保险条款对房车中的床有着严格的要求。

还要注意，使用普通家用缝纫机制作坐垫非常困难。专业的室内装潢工作并不便宜，但它构成了每个人都看到的室内装饰的一部分。此外，那家叫"房车座套中心"的公司有一个陈列室，展示数百种面料、数十种样品，还有一个试用区域，客户可以在这里试用20多个泡沫和复合垫子的样品。

还要记住一点，这是一项季节性业务。在旺季赶工将导致长时间的延误，因此请尽量在冬季下订单。

尽管折叠式座椅/床这种设备通常安装在房车上，但是对于泡沫垫和座椅来说，它们的翻折动作是一个挑战。

选择泡沫时必须小心，因为它需要同时满足白天座椅和夜间床的舒适度要求。

当制作座椅靠背和底座时，由于铰链的一些部分突出于胶合板上方并且需要隐藏，因此任务变得更加困难。

一旦完成了制作计划，将胶合板从框架上拆下并与其他室内装潢件一起放置几周。

当通过后门观察时，可以看到额外的"填充"床垫部分的支撑装置。注意一下座椅的铰链。

上一张照片显示了铰链的丑陋外表。这个问题可以通过添加尼龙搭扣和精心制作的带有边缘的外封皮来解决。

当给床增加了后部填充部分后，其长度超过保险要求的最小 1.83m。

长椅的前边缘制作了一个凸起用以支撑膝盖。室内的按钮和包边提升了整体的触感。

18. 窗帘，靠垫和桌子

Seitz的S4窗户安装在侧面，配有卷帘。然而，这辆面包车后面的车窗没有隐私保护，因此需要一对大窗帘。

此外，为了符合保险条款的要求，被称为"房车"的车辆必须具有"带固定桌子的休息区"。以下插图显示了增加的装备。

注意： 为了旅行时的安全，这种桌子必须是活动的并且安全地存放。你还需要确保它在使用时不会晃动。在作者所测试的许多房车中，膝盖经常不小心碰在桌子腿上，于是一杯茶就洒了出来。另一种策略是制作一个独立的桌子，可以在车内或室外阳光下使用。

在改装自己的房车时，如果你认识的人会用缝纫机，那将会很有帮助。

一旦在后面的入口处设置了一条轨道并拧紧到位，就可以安装窗帘以保护隐私。

添加一个简单的系带，后窗帘可以安全地存放在一侧，而不会遮挡驾驶员的后方视野。

一对自制的靠垫加上完美的触感，使长椅看起来更吸引人了。

桌子由胶合板构成，并且使用与厨房中使用的相同的塑料面板。

这是独创性设计，找到了一种将法兰绒固定在桌腿一端的方法。

在桌子的另一端需要做两个标签，并且将一些铝制装饰件切割成一定尺寸。

当标签被挂在厨房的可拆卸板上时，桌子就呈现出一种重要的"巍然不动"的刚性。

19. 其他配件

在该出发去晒太阳之前，需要更多的配件。这里罗列一些最后的补充。

灭火器很重要，干粉类型可以处理几种类型的火灾。它既要安装在远离炉灶的位置，又要位于一个易于拿到的位置。

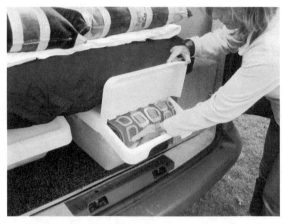

寻找合适尺寸的储物箱以适应不同的位置并非易事。这些非常适合在床下留下的大空间。

尽管没有卫生间，但 Porta Potti 335 是一种便携式设备，可以存放在靠近窗帘的后面。

将一块覆盖有备用车顶衬里材料的胶合板切割成适合作为升降车顶前部的可移动隔板

降低车顶需要大幅度的拉力，其手柄很难触及。添加延长带很有用。

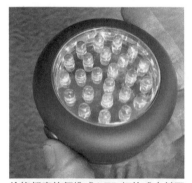

价格低廉的便携式 LED 灯的成本甚至低于电池，而且电池可以使用很长时间。它可通过磁铁安装，也适用于像这样的钢制车身。

必须检查野营水壶的直径。火焰蔓延导致圆形灶眼出现问题，这个 50mm 的间隙是这个燃气灶允许的最大间隙。

现在是揭开事实的时刻。完成了所有这些工作，当乘员和物品被添加后，面包车是否会超过其最大重量限制？地磅将揭示答案。

20. 最后的重量检查

以下是最后一次称重读数。与第85页上的数据和车辆铭牌进行对比，已知最大技术许可满载重量（MTPLM）为2800kg。

完成称重（2011.12.12）	
满箱柴油 没有驾驶员	
总重量（改造后）	2120kg
后轴重量	960kg
前轴重量	1160kg
允许的有效载荷（包括驾驶员和乘员）	（2800kg-2120kg）=680kg

一旦添加了人员及其装备的重量，剩余的有效负载数字就会显示是否可以添加附件物品，如自行车架和小型摩托车，或者可能是相当大的遮阳棚。遗憾的是，许多房车车主不知道他们的车辆重量是多少，然后花钱安装重型配件。太多的房车超过其MTPLM已经不是什么秘密了，这有各种各样的解读。但这个项目没有问题，可以在不违反法律的情况下添加配件。

这款大众T5改装车的未来计划——可能增加暖风机、太阳能电池板、电视、拖车杆，自行车架，独立遮阳棚、车顶儿童床等。

图片致谢：Middlesex房车公司的Kay和David Sellick。

底盘加装式房车改装

想要改装一辆比厢式车改装更宽敞的房车的话，可以试试底盘加装式房车。这项工作更加困难，但物有所值。

术语"coachbuilt"在这里指在传统底盘上改装的房车类型。底盘和相关的运行装置的描述在第6章进行了介绍，前面的章节也提到了对不同的车身结构技术的关注。例如，第4章指出，GRP外壳通常由自建者购买并改装成房车，典型的案例是在英国电信厢式货车上使用的改装后的单壳体车身。

本章旨在对改装这种底盘加装式房车自建者所面临的实际问题，提供背景信息。用一个DIY房车改装项目，来详细说明。

案例起源

制造商和设计专家经常在厂里生产定型模制件，冗余的GRP外壳占用了宝贵的工厂空间，这促成了外壳的出售。作者就是在三个多余的外壳中买了其中一个，正如第4章所解释和说明的那样，所买的外壳最初用于称为"奥德赛"的车型，该车型在1998年获得了年度最佳房车奖。

不觉得意外的是，购买的外壳部分严重受损，需要大量的维修工作。一些部件也缺失，例如门的部分、外部储物柜盖、模制淋浴间和气瓶。DIY房车改装项目可能是对一个人的耐心、决心和智商的严峻考验。GRP模制件的运输本身就是一项挑战。尽管如此，仍然有解决方案，配备有液压升降平台和绞盘系统的双轴汽车拖车在这种情况下可以有效地使用。

几次往返350km的路程将板材运到了当地的房车中心。作者在那里用了10个月，等待交付一个新的菲亚特2.8L涡轮柴油机MaXi底盘驾驶室。在这样的复杂作业中，不可能样样顺利。

改装要求

从一开始，你需要确定哪种房车适合自己的要求。在这种情况下，决定了以下内容：

1) 基础车辆必须具有强大且响应灵敏的发动机。
2) 完成的房车需要能够牵引汽车或拖车。
3) 必须建造轻型家具以留出休闲设备的有效载荷。
4) 后掀背门可以改善装载便利性，并在打开时充当遮阳棚。
5) 诸如微型汽车或小型摩托车之类的随行车辆可能需要被携带在房车内。
6) 适合于随行车辆的存储区域需要同时作为起居空间。
7) 优先选择空气悬架而不是板簧，这将增强舒适性，提供负载均衡性。

房车的秘密揭晓

大多数专业制造的房车都是通过型号名称识别的。当这辆大型底盘加装式房车接近完成并正在进行试运行时，一些房车爱好者感到困惑，因为他们无法确定其来源。正如第4章讲述的那样，它的一些车身面板最初被用于一个被称为奥德赛的屡获殊荣的车型，但很少有人改装。在其彻底重新设计的过程中，这个神秘的房车引来了众多的询问，这表明它可能需要一个名字。"Mystique"应运而生，车问题得到了解决，并在数以千计的知名车型中占据了一席之地。

8）后悬要尽可能短，以减少超过后轴重量限制的可能性。

9）外伸支架可以安装在两个主纵梁的外边缘，以便为地板提供全面的支撑。

10）在车的后面需要一张能折叠的床，这样的话，在白天车的内部空间就不会显得拥挤。

注意：人们认识到，长的后悬会加重后轴承载的载荷，因此底盘延伸部分在车轴之间进行，在第6章已有介绍。这增加了原来的轴距，以容纳6.68m长的车身壳体，并具有将后轴进一步向后移动的效果。这反过来意味着在后部承载的任何重物都可以直接作用在后轴上而不是在突出的后悬。

一个相关的特征是大型后掀背车门的构造这种策略很少用于专业制造的底盘加装式房车。掀背门的结构将在第11章中介绍。

第6章讨论了增加强力支架以便为地板提供全宽支撑的必要性。再说一遍，一些专业制造商没这么做，结果在Bailey碰撞测试中出现了两侧地板全部撞裂的问题。

总而言之，这个项目是一个定制的房车，以满足其所有者的特殊需求，这也是自己改装的好处。

从零开始改装一辆底盘加装式房车

后面的插图显示了必须在一开始就完成的施工任务。当基础车辆最终可用时，它被直接运送到空气悬架和底盘专业公司那里。其底盘被延长，安装了更长的后轴管，其MTPLM从3500kg升级到3850kg，其钢板弹簧更换为空气悬架系统。在那之后，将裸底盘和驾驶室在地磅上称重。最后，进行了一些基本的改动（例如增加了临时后挡泥板），以便登记。经过纳税和投保的车辆可以合法地驾驶

320km来到最终的"住宅"。

在进行最终完工检查之前，在地磅上进行了三次进一步的称重。此外，在改装过程中，计划安装一台重达50kg的2.5kW发电机。它会简单地减少太多的有效载荷。那么在完工时，它是否仍然在MTPLM限制范围内？请参阅本章末尾的结果。

关于车身，为这个DIY项目购买的GRP构件包括两个主要单元，这些单元是原始的模制件。一个是驾驶室顶部的部分，另一个是主车身。

上图：改装这个房车的一个要求是拥有牵引汽车或拖车的设施。

技术说明

初步重量检查

在后续改装工程开始之前，将改装过底盘的菲亚特Ducato Maxi底盘驾驶室及其空气悬架系统在地磅上进行了检查。以下是读数：

总重量1.82t；前轴重量1.32t；后轴重量0.50t。

从这时起，每个结构都要保持尽可能轻，并仔细考虑重物的定位。例如，两个90A·h蓄电池安装在一个位于车轴中间一侧的隔间中，另一侧是清水箱，气瓶位于后轴前方1m处，除了拖车杆安装在靠近后部。更多信息可在第13章中找到。

右图：GRP 车身外壳是买来后放在汽车拖车上运输的。

最det图：像驾驶室顶部外壳部分难以运输，但也是通过拖车运输的。

右图：一旦获得了车身外壳，就订购了菲亚特 Ducato Maxi 底盘，并改装为空气悬架。

最右图：在车身外壳的适当位置，切割出孔洞以适应轮胎。

右图：由于没有工业起重机，主壳体部分先被顶到支架上，再被推上底盘。

最右图：所有底盘构件的上表面都覆盖着橡胶条。

右图：在初始安装后，主壳体必须向前推进12mm。

最右图：驾驶室顶部的外壳有一个大的凸缘，用于将其固定在主壳体部分上，首先必须安装好它。

这里要展示的是如何将车身组装并连接到底盘上。还有关于窗户安装的指导，因为程序不同于在大众厢式车安装Seitz车窗时采用的程序。

当然，还有许多其他改装元素，但不是在这里介绍它们，适用于许多类型项目的任务在后面的技术章节中介绍。例如，它的升降双人床和橱柜在第15章中描述。第17章介绍了其内部清水箱和地板下污水箱的安装。其气瓶储存室的结构在第18章介绍。本章主要关注车身结构。

起居室主构件

将19mm厚的胶合板黏合到GRP主壳体部分可以逐步提升该模制件的高度，直到它可以支撑在大木块上。这不是摇摇晃晃的成堆的砖块或其他什么东西，而是通常用于支撑远洋游艇的巨大的稳定的硬木楔块，这些硬木楔块是从船厂借来的。安全举升在这里至关重要，还要使用一个小型千斤顶。

接下来建造了两个由大型工业脚轮支撑的临时支架，并用螺栓固定在地板下。支架使得整个模制件可以从其静止位置被推动到车辆底盘上。当壳体就位后，再拆除临时结构。

在旁边使用建筑工人的支架和脚手架来支撑壳体，地板必须升高到菲亚特Ducato底盘的高度以上，这是有原因的，这样车辆就可以直接在地板下进行对接。

此外，使用Evo-Stik接触黏合剂将橡胶条（通常用于室内装潢工作）粘在底盘构件的所有表面。如果忽略这一点，则会擦伤底盘构件，并且地板层之间会产生"吱吱"声。

当装置随后降低到底盘上时，在地板上形成可容纳后轮的切口同样重要。最后，一个预成型的GRP浴室隔间和淋浴盆单元必须放到里面，这么早就改造是因为它太大而不能在改装的后期通过车门。

除了这种准备之外，组装操作中的一个困难是确定在哪里定位主壳体部分，记住稍后将添加驾驶室顶部模制件。这部分的造型是紧贴菲亚特驾驶室顶部的，因此其位置应该相当精确。而且，这两个大型部件都具有连接平面，该连接平面随后将

特殊的支架适合菲亚特底盘。

用螺栓连接在一起。

认识到稍后可能需要对位置进行"微调"，主要部分仅使用一些固定支架进行暂时固定。这足以安全地使房车从存放区开出3km的距离，而不需要精准安装到位。

果然，随后的检查确定需要在两个纵梁上向前推进约12mm。这还不算，因为它还需要往左横向移动几毫米。

经过仔细考虑后，决定使用麻花钻头作为微型滚轮进行位置调整。先将地板从底盘支架上完全松开，然后使用千斤顶和木块分阶段升高。一个接一个地，在底盘构件上放置四个直径约10mm的麻花钻头。它们被放置得略微倾斜，希望在纵向调节时也能向左侧移动。一旦到位，将壳体降低到钻头上。

结果令人惊讶。壳体不仅被推动了，这个沉重的物品甚至超过了底盘上的标记，前进了25mm，太远了！但不要紧，事实证明，这种古老的滚筒运输法在今天改装房车时同样适用。

在用卷尺进行最后检查之后，为高强度13mm螺栓钻孔，将构件永久固定到底盘上。千斤顶再次被用来依次升起地板的四个角落，从而取回每个钻头。

驾驶室顶部构件

当形状笨拙的驾驶室顶部构件无法从前部安装到位时，又出现了下一个挑战，因为驾驶室的后视镜空出挡住了。一位非常友好的邻居和作者的妻子提供解决方案，利用一棵橡树、一段绳子和滑轮从上方吊装、往下慢慢下降。作者的角色，不那么费劲，是用相机拍摄这一切。

将构件与驾驶室贴合在一起的工作不是随便什么人都可以做的，需要请专业改装工程师来做。在缝隙处插入了黑色的P形塑料翼管，它是使用Woolies邮购服务购买的。像这样的汽车饰件还可以通过购买套装件获取。

将两个构件连接在一起

还购买了一个尺寸小得多的白色P形翼管，安装在两个车身部分的连接平面之间，在车辆的两侧，也穿过车顶。在这里几乎不可能实现完美的连接，特别是当车辆在不平坦的表面上行驶时不可避免地要松弛。战前轿车的制造商是最了解的，车厢凸出的两翼与车身的绝对吻合，需要在连接部位使用这种翼管配件。

当然，与不规则的密封胶相比，使用翼管可以提供更整洁的视觉外观，但它对粘接过程没有任何贡献。两个车身部分的平面之间有一个非常重要的结构和防风雨连接，以及与驾驶室本身的连接，需要专门的材料。

这里需要使用黏合密封剂以形成非常牢固的连接。许多密封剂只是间隙填料，这对这项工作没有好处。该材料不仅必须在不同材料之间产生坚韧的附着力，还需要保持一定程度的柔韧性而不损害其机械结构。

SikaL公司生产的系列产品广泛用于一些专业领域。有几种版本的Sikaflex密封剂可供选择，对于这类工作，Sikaflex-512房车专用密封胶是理想的选择。黑色和白色版本的产品可用在车身组件的不同部位。

尽管具有卓越的粘接特性，但Sika-flex-512房车专用密封胶在达到其全部强度之前大约需要24小时。考虑到这一点，必须在驾驶室金属侧面与GRP模制件连接的位置使用一系列木质支柱适当地支撑在墙壁上，如旁边插图所示。

同样重要的是，如果黏合剂从相邻表面完全挤出，则会失去其黏合能力。建议在相邻组件之间留下3~4mm的空隙来容纳黏合密封剂。

当两个模制件好不容易连接时，再安装二十多个螺栓来将平面固定在一起，并且每次固定时要使用大的垫圈。这些配件通常在展会上有出售。

在这种情况下，两部分之间的机械连接主要通过高强度螺栓来实现。然而，Sikaflex-512密封胶也被广泛应用于添加防风雨配件，并且当螺栓逐渐拧紧时，一些密封剂不可避免地被挤出接合处。这可能会将其减小到约2mm厚度，但这不是问题。这里，密封胶主要用于防水，而螺栓则起固定作用。

然而，驾驶室顶部构件与驾驶室车顶接触的情况并非如此。那里不能使用铆钉、自攻螺钉或螺栓等机械固定装置；相反，完全用黏合密封剂来实现连接。因此，需要用密封胶枪将Sikaflex-512密封胶挤出来，其大量应用确保了GRP构件与驾驶室钢制车顶之间的连接。

逆风驾驶时会产生压力施加在车顶上，我可能使用了比所需更多的黏合剂。但考虑到使用Evo-Stik黏合剂固定到位的P形翼管也很重要，因此同时将其完全封装在黏合密封剂中。

有趣的是，当Knaus公司推出2005款Sun Ti系列车身时，制造商同样决定使用翼管而不是密封胶来处理驾驶室和GRP模制件之间的连接点。

左图：Sikaflex-512房车专用密封胶需要24小时才能完全固化，因此要使模制件与驾驶室连接的位置保持不动。

轮箱

制作合格的轮箱（即轮拱）甚至对专业改装者都可以算作一个挑战。当后轮没有足够的间隙使得轮箱内被泥垢填满时，就会出现严重的问题。有个失败的案例据说发生在这个领域的英国著名专家之一身上。

房车制造商也可能出错。这一次也不提及名字，但它是一个行业领先的车身制造商，其生产的房车由于轮箱安装得太靠近轮胎而非常难以拆卸后轮。当旅程中出现爆胎时，将会产生很大的问题。

同样令人惊讶的是，当一家专业的德国制造商生产的A级房车被一家房车杂志的编辑测试时，车辆发生了问题。虽然测试车被慷慨地装上了铝合金车轮，但刚开始路试不久后轮部位就开始冒烟。原因何在？轮胎又一次蹭上了轮箱，使路试陷入停顿。

如果你必须在后轮周围构造一个轮箱，请牢记这些情况。此外，如果你使用钢制车轮获得良好的间隙，然后决定安装合金车轮，请记住A级房车的故事。在花钱购买替代车轮之前，请仔细检查轮箱的尺寸和轮胎规格。

右图：对于装备空气悬架系统的底盘，在设计轮箱之前要仔细测量。

在这里描述的项目中，事情变得更加复杂，因为底盘配备了空气悬架系统，该系统包含用于降低车辆后部的泄压设施。当空气被释放并且车身后部下沉时，车轮会上升，影响到起居室内的空间。

因此，在最终确定轮箱尺寸之前，进行了大量测量工作。还要记住，装有设备并携带个人物品的成品车辆会比车辆几乎空着时更低。

当空气悬架系统最初安装在底盘上时，项目工程师建议轮胎两侧的间隙不应小于25mm。如果弄错，当你试图把轮胎从轮毂上取下时，你可能无法获得足够的操作空间。

关于所需的垂直间隙，请寻求底盘供应商的建议。例如，菲亚特商用车辆的技术手册中给出了具体的尺寸。实际上，这些信息对Mystique项目没有帮助，因为原来的钢板弹簧悬架已被空气悬架取代。毫不奇怪，不同类型的悬架会产生不同程度的车轮运动，显然不可能在手册中提供通用规则。

无论如何，出于谨慎的原则，我们设定的轮箱内部高度为250mm，这表示轮胎上方的间隙为112mm。请注意，这些测量是在安装任何设备之前进行的。

轮箱采用9mm厚的胶合板建造，衬里采用了ABS塑料。

车轮的保护系统在多个季节中都能令人满意，但是空气悬架组件上的钢部件会失效。由于原来的供应商不再开展业务，因此需要安装新的VB空气悬架产品。这是一种高质量的产品，更换操作步骤在第65页的插图中做了展示。

不幸的是，安装不同的空气悬架产品导致了另一个难题。当在具有拱形路面的道路上转弯时，后轮胎有时会摩擦轮箱本身。在极端条件下，轮胎与轮箱内侧之间的间隙为25mm，这显然不足。使用VB空气悬架系统，显然需要更宽的轮箱。

这一次，V&G房车公司前来救场。在第14章有详细介绍，该公司可根据需要建造GRP组件。在这种情况下，制造并安装了两个较大的GRP轮箱，制作和安装工序见下页插图。

后车灯系统

最初订购菲亚特底盘时，尽管它只是一个临时配件，但还是设置了一个用于承载尾灯和牌照的尾板。

一旦车身安装在底盘上就不再需要这个尾板，因为模制件的后部包含了牌照和原装菲亚特尾灯的安装位置。安装和连接尾灯组件是一个简单的操作，GRP车身的钻孔方式与尾板的钻孔方式相同。然后将这些部件用螺栓固定到位，不必以任何方式改变供电电缆。

为了引入更多种类的照明设备，大多数制造商现在倾向于采用外部采购的灯来营造更加炫目的外观。有些产品看起来不错，但这意味着相当多的菲亚特车灯组件都成为多余的了。购买这些几乎未使用过的产品进行转售的供应商是Magnum房车公司。房车自建者应该记住这家公司，第10章将再次提到它。

制作和安装GRP轮箱

1. 必须拆除原来的轮箱。

2. 地板开口中的孔需要在轮胎的任一侧扩大。

3. 替换件的模具在用胶合板制作。

4. 为了确保足够的刚性，构件由多层玻璃纤维制成。

5. 使用刷子将树脂添加其中，使各层浸渍。

6. 用滚筒挤压纤维，使它们开始卷曲。

7. 当纤维层固化后，大致修剪盒子周围的凸缘。

8. 模制件在凸像处被撬开，空气从顶部排出。

9. 用楔子敲击几分钟后，将构件与模具分开。

10. 现在，构件需要在凸缘周围进行精确修整，以便进行安装。

11. 拆下车轮，将构件从车厢下方插入。

12. 为了让这个轮箱从车内看起来很漂亮，在装饰面板周围添加密封剂。

切掉驾驶室的后部

当你花大价钱买了一辆新的供改装的基础车时，本节所展示的切割工作看起来很生猛。但其实专业改装商也不过如此，改装车买家也许会看到与样品车重量不一样的房车。

插图可能暗示作者在切割驾驶室部分时采用了"拼凑"的方法，但这不是真的。在第一次切割之前就进行了艰苦的检查。关键的是你必须记住所有的安装按照车辆改装指南进行。暴露的金属边缘要么被处理，要么在地板水平切割的情况下，涂上Sikaflex密封剂并夹在木材板条之间。如果以后使用螺钉固定地板层并且使用密封剂防止空气到达切割金属边缘，则该策略提供了固定点。

同样，正确使用黏合剂也很重要，因为这些黏合剂有助于在以后添加支撑部分时增加强度。这些产品的成功完全取决于制造商的指导。例如，表面需要没有污垢，你会发现化学清洁剂就是专门为这项工作而制造的。

1. 在最开始的阶段，使用图样在后隔板上切割了一个小的开口。它的锋利边缘被配件供应商出售的加强边条覆盖。

2. 在开始改装后的很久，我才决定打开驾驶室的后部。首先，玻璃窗必须被移除，只需几分钟就能取出它的橡胶密封条。

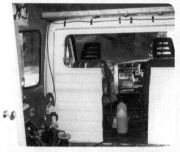

3. 像许多DIY改装者一样，我无法使用专业改装者使用的冲击器和其他电动工具，因此必须使用钢锯来增加开口的尺寸。

4. 然后是将窗口切开并延伸到预计位置。再次成功地使用了钢锯，直到刀片弯曲并折断。

5. 只好去专业汽车改装厂那里借来工具，你只需要把它的边缘磨锋利，然后它就可以轻松地切割金属板。

6. 驾驶室被一点一点地打开，与起居室连通。在地板上，将板条放置在剩余金属边缘的两侧，并用Sikaflex-512房车专用胶粘接。

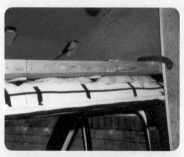

7. 在驾驶室上方，将板条黏合在车顶板上，并支撑9mm的胶合板架。然后将塑料层压板面对15mm胶合板一起黏合到驾驶室的侧面。

8. 在切割驾驶室时，改装工作不可避免地看起来很粗糙，但随着工作的进展，看上去就很漂亮了。请注意旋转座椅可以起到扩展起居空间的作用。

裁切部分驾驶室

在切掉部分驾驶室时，翻阅了菲亚特提供的技术手册以获得指导。可以理解的是，某些零件无法得到，例如安全带附件和安装支柱。

当然，拆下驾驶室后部的隔板没有问题，毕竟，用于房车改装的底盘驾驶室经常只提供一个临时的隔板。

看看专业制造的车型也很有用，其中许多车型似乎根本没有保留原来驾驶室的顶部。但是，有些驾驶室车门在顶部有弯曲的倾向，会导致气流，因此我决定不切割车顶板。在任何情况下，这款底盘加装式房车都具有低矮的驾驶室空间，并在驾驶室上部为床提供足够的空间。如果你保留原样越多，钢板的整体支撑效果就越好，因此没有在此处进行切割。

当然，后部隔板确实必须被切除，并且前页的插图显示了如何实现这一点。

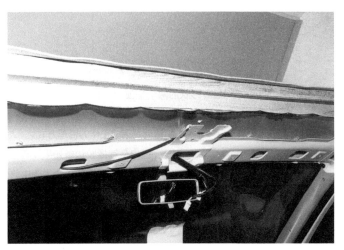

上图：在这个专业改装的车型上，驾驶室的钢制车顶被彻底切除了。

左图：有关在该房车中安装电器、家具和其他设备的指南将在后续章节中给出。

安装窗户

在前一章中说明了在厢式车的钢制侧壁安装Seitz S4框架式窗户。这里需要进一步的说明，因为金属板的规格一致，而GRP体壳不仅更厚，而且厚度也可能有变化。

不同寻常的是，这款车型在起居室分别装有安全玻璃和丙烯酸窗户。因此，下面几页展示了两套插图，其中第一组介绍了安全玻璃窗安装在驾驶室后部的情况。

其他任务

在后面的章节中将描述和说明了改装这个房车所涉及的许多其他任务，而这些操作具有更广泛的相关性。你将在第11章中找到Mystique的乙烯基图形装饰的应用，以及吸收式冰箱、滑动天窗等的安装。关于使用GRP材料的其他指南也出现在第11章和第14章中。

技术贴

最后的重量检查

为了帮助保持在许可的范围内，随着项目的进展，要定期进行重量检查。然后来了最后的揭秘时刻。

房车按照一个典型的假期所需的装载量标准，所有搭载的东西都记录在案，包括气瓶、备用衣物、罐头食品、炖锅、雨靴等。污水箱和清水箱都被清空，燃油加满，然后检查其重量。完成改装后可以满足其3500kg的重量限制吗？称重数据如下：

总重量（减去驾驶员）3415kg（允许3500kg）

前轴重1840kg（允许1850kg）

后轴重1620kg（允许2120kg）

由于我的体重是70kg，我可以合法地驾驶这辆车，但是只能穿夏天的衣服，还能戴一块手表，再加上手机、地图册和一把伞。但我的妻子将不得不待在家里（否则就超重了），除非油箱不满。谢天谢地，改装后车辆的MTPLM已经从原来的3.5t升级到3.85t。这样就可以再装载独木舟、山地自行车……以及我的妻子。

在GRP外壳上安装安全玻璃窗

基础车型的驾驶室两侧有凹槽,以适应非标准形状的两个车窗。然而,制造双层丙烯酸窗户来适应这些凹槽的成本太高了,因此使用了安全玻璃。这就是完成工作的合理方式。

根据建议,窗户及其橡胶边条如果没有任何防风雨密封胶,很难确保它能防止大雨中的泄漏,寻求了风窗玻璃专家的帮助并使用了专用的密封剂。尝试了两次才处理好,因为GRP外壳的厚度并不可能完全一致。解决了最初的小问题,窗户就再也没有麻烦了。

显然,单层玻璃窗不具有双层丙烯酸窗户提供的隔热效果。驾驶室窗户就是这种情况。然而,像Silver Screens这样的制造商生产用于驾驶室风窗和侧窗的专用隔热罩,详见第12章。隔热罩上有吸盘,也能适应新的安全玻璃窗。

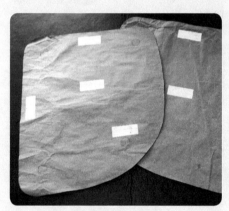

1. 制作了两个模板作为玻璃专家使用的切割参照物。在这样的工作中,你不能假设两侧的 GRP 成型是相同的,因此需要两个模板。

2. 专家用汽车专用玻璃手工切割出需要的形状。然后制作出比玻璃四周大了 4mm 的新模板。

3. 将两个较大的模板粘贴到 GRP 板上,并在 GRP 主体上仔细标记切割线。至关重要的是,不要切出一个太大而无法正确安装玻璃的孔。

4. 使用低速运行且配备专用切割 GRP 的刀片的电动锯来切割孔。操作时要戴上安全护目镜,因为塑料碎片经常会飞溅到你的脸上。

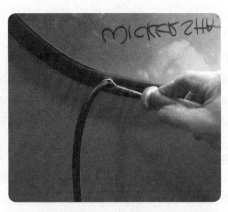

5. 从风窗玻璃配件商处购买橡胶边条；它外侧的凹槽必须比平时宽，以适合 GRP 板的厚度。用于轿车和厢式车的橡胶边条具有较窄的凹槽以适应钢板。

6. 可以毫不费力地将玻璃放入橡胶槽中，然后添加加强插件以提供刚性。这可以使用衣架线，但如果使用更合适的工具则会容易得多。

7. 一旦窗户安装就位，掩盖这个区域，然后将表面进行粗糙化处理并清洁，以便使用喷漆罐喷涂缎面黑色涂料。

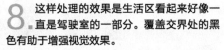

8. 这样处理的效果是生活区看起来好像一直是驾驶室的一部分。覆盖交界处的黑色有助于增强视觉效果。

安装Seitz S4和S5框架窗

对于Seitz窗户来说，最合适的安装厚度是26mm。为了安装1~25mm厚的墙壁，必须在孔周围安装辅助框架；对于27~42mm厚的墙壁，必须修剪内框架；最后，对于43~53mm厚的墙，外框必须安装木条。安装说明中明确介绍了所有这些步骤。

Mystique两侧的窗户将铰链设置在顶部，后窗是一个固定的单元。也可以从Seitz购买滑动窗户，并且其中一个窗户可能更适合采用这种形式，因为完全打开的入口门会撞到处于打开位置的铰链窗。Seitz手册中展示了全系列产品。

在安装的六个窗户中，有五个是Seitz S4型号，其中包括标准的百叶窗和伸缩型窗。一个是Seitz S5型号，采用手风琴折叠式百叶窗。但是，S4和S5型号的安装步骤相同。

在以下图片中，窗户的安装与内墙的隔热和3mm乙烯基胶合板结合在一起进行。说明你需要绝对清楚窗户的位置。当从外面看时，看起来外观吸引人的窗户是不合适的，但当从内部看时，结果太靠近燃气灶或内部橱柜。

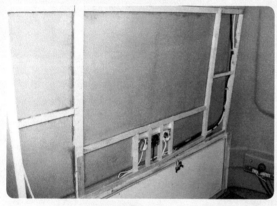

1. 在这个位置，使用快速固化的UPol B 玻璃胶将框架固定到 GRP 表面；或者，使用 Sikaflex-512 房车专用胶将板条黏合到 GRP 上。

2. 当软木框架固定好后，在板条之间安装聚苯乙烯泡沫绝缘材料。在弯曲表面上，使用石棉代替聚苯乙烯。

3. 一旦确认内部框架安装就位，就在内部框架的四个角上钻定位孔。

4. 如果在这个工作阶段开始下雨，不要太担心，一个 3mm 的孔很容易堵住，当天气出现意外时，这通常是必要的。

5. 下一步是用 3mm 厚的装饰面板覆盖板条，使用 Sikaflex-512 密封胶将其粘在板条上并使其固化。

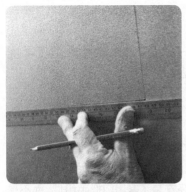

6. 只要内部框架的形状和尺寸正确，就可以在墙壁的外侧自信地绘制切割线。但不要忘记这句格言："测量两次，切割一次。"

7. 模板经常会留下痕迹，因此应使用遮蔽胶带。在进行切割时，使用切割 GRP 的专用刀片，设置慢速，并佩戴护目镜。

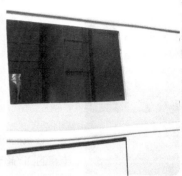

8. 切割完成后，拿外框进行比对以检查其是否合适。如果有少量的错位，请不要太担心，因为通常会进行调整。

9. 粗木锉很少在 DIY 商店出售，但在这项工作中很有用。其中一个用处是去掉 GRP 板材上的高点，还能处理圆角。

10. 必须根据安装说明将密封胶带施加在外框周围的凹槽中。根据其厚度，通常需要几层。

11. 在添加密封剂之前进行了试安装，现在是时候提供框架了。有些密封胶具有恶劣的"抓取"特性，因此请尽量在第一时间正确定位。

12. 回到内侧，将内侧框架与百叶窗和伸缩纱窗紧挨着安装。所提供的螺钉应与外框中预制的孔啮合，但不要过度拧紧。

13. 现在需要在框架周围施加柔和的压力，以使密封剂最终均匀填充。这在平坦的墙壁上更容易实现，并且不太可能扭曲窗框。

14. 制造商声称，密封胶带和安装的垫片足以提供恶劣天气的保护，但在弯曲的墙壁上，你可能需要在外框周围再涂上薄薄的黑色 Sikaflex-512 密封胶。

材料选择

为自建项目购买材料并不总是一蹴而就的。本章介绍了寻找你可能需要的材料和配件的方法。

在我们的城镇建立了如此众多的储备丰富的DIY超市，你可能想象改装一个房车的材料相当容易获取，但事实并非如此。之所以出现这个问题，是因为许多用于家庭装修的产品并不适用于房车。

这通常归结为重量问题。以刨花板为例，这是DIY爱好者经常使用的。这是一种木材产品，很少会有扭曲的现象。它很容易买到，价格便宜，而且我们家中的橱柜、桌子和架子上都有刨花板。但是，这种产品不应该用在房车上，因为它很重，这就是专业制造商使用特殊轻质胶合板的原因。

许多年前，房车制造商使用硬质纤维板，但这相对来说也比较重。目前，用于衬里内部的材料是3mm厚的胶合板。上一章介绍在安装Seitz S4窗口之前使用的内墙的衬里就是这种材料。该材料非常轻盈，只有一面装饰。有时使用类似木纹的塑料印刷品，也有时采用适合墙壁或天花板的浅色调。毫不奇怪，它是几乎所有房车制造商使用的产品，在当地的DIY商店就能找到，但你却不知道。

寻找产品供应商

找到合适的产品可能很困难，但是有很多地方可供搜索。例如，你会发现在造船和长途客车改装中使用的某些产品也可用于改装房车。奇怪的是，一些房车制造商似乎不愿意寻求替代供应途径，而还有些人则更加多渠道地寻找现成的套件。例如，Murvi房车公司采用船上使用的耐盐和防水的外部电视配件。这个主意来源于

Morello房车的获奖设计方案。

在最近的Auto-Trail系列房车产品中，已经安装了家用门把手组件，而不是更常用但不太坚固的货车门把手组件。同样，许多著名的改装者最近都采用了在昂贵的邮轮中更为常见的抛光不锈钢水龙头。

寻找你想要的配件是肯定需要花费时间成本的，最好的方法之一就是参加一些展览会。

展览会和户外展示

展览会不仅是展示船、房车、车厢、汽车等成品，还会展出个别组件。以下是你的房车改装项目仍处于规划阶段时要考虑的一些事情：

- **船展**是一个很好的机会，展会上可以看到可用于房车的各种装置和配件。当然，在改装游艇时，配件的重量并不是一个至关重要的问题（在选择用于房车改装时要考虑重量）。毫无疑问，海洋工业中使用的部件价格往往更高。

也就是说，仍有许多值得注意的事项。例如，室内LED现在更多是安装在房车上，但它们在十多年前就被安装在船上。其他船用产品，如水泵、太阳能电池板、充电器、电源逆变器、双层床等也值得一试。

其他可用的项目更微妙。例如，当作者改装了Starcraft露营车时，花费了大量时间寻找灵活的D形胶条来覆盖不整齐的外部连接，来自制造商的GRP车顶模制件已粘合到侧面。最终，在一家船舶

供应商处发现了一种黑色橡胶配件，成卷出售，被用作摩擦条，以适应游艇的船舷。它的作用是保护停泊在码头上的船只一侧。

- **拼装车展**　通常是户外展出，有各种零部件制造商参加。在展会上，门把手、不锈钢固定件、灯具和室内装潢等产品通常都有出售。

在第9章中，提到了一种灵活的P形翼管。当GRP驾驶室顶部构件与Mystique房车的驾驶室结合时，这用于形成整洁的连接面。该项目上使用的桨式门锁，从一个名叫Europa的拼装车组件公司购买，安装在车顶附近的标志灯也是如此。

拼装车的车主通常可以免费参加这些展览。展商的这种让步让展览更加有效，因为他们停放的车辆本身就是一种吸引力。因此，如果你参观其中一些较大的展会，你可能会看到Rickman Rancher等自建房车的例子。与车主聊天通常也会很有启发性。

- **建筑展**　通常是为行业成员服务的，但很少会去检查观众的证件。事实上，那些想办法参加这类活动的人可能会以各种方式成为潜在的购买者。

如前所述，由于重量的原因，这里适合房车改装的产品可能更少。另一方面，由Hodgsons和Sika等制造商生产的密封剂、黏合剂可同时用于建筑物的建造以及房车的生产。

安全配件也值得注意，家用窗户螺栓可用于房车的安全门或外部储物柜盖。在20世纪60年代出现在建筑行业中的推入式塑料管道部件，现在作为柔性软管和夹子的替代品，越来越多地在房车上使用。

目前，有关建筑物燃料和能源保护

左图：带有不锈钢桨板的门锁是从零部件供应商 Europa 那里购买的。

的建筑法规所包含的严格要求促进了许多柔性和刚性的隔热材料的制造。其中一些主要用于建筑物的产品也可以安装在房车中，这并不足为奇。

上图：车主可以免费进入拼装车展，可以见到一些自建房车，并与车主聊天。

防护保险要求

为了加固这扇大门上的锁扣，还安装了两个安全螺栓。

在对门进行隔热和内衬处理之前，使用 UPol B 玻璃钢专用胶粘合硬木块以安装螺栓。

右图：车门的不锈钢重型铰链购自 Albert Jagger。

右图：定制的挡风帘由参加过许多户外房车展的 Sew 'n' 'So's 制造。

右图：你经常会找到参加户外展览的小把手和安全锁的供应商，但他们很少参加室内展览会。

下图：一些尾单便宜货，如靠垫是户外房车展上经常出售的产品。

- **公共汽车和货车展览会**是商用车制造商的贸易活动。如果你购买基础车辆，然后开始进行重大改装项目，许多参展商将视你为重要客户。

你还会发现一些较小的公共汽车和厢式车改装厂家可以为单个的改装爱好者所进行的项目提供帮助，如安装外部储物柜。鉴于作者决定在第9章描述的房车后部改装掀背车门，一个巴士改装厂已准备为我答疑解惑。

还有一些零部件供应商，如出售用于客车前部和侧面保护材料的供应商。许多厢式货车改装厂家也购买这种覆盖面料。

当你查看商用车上使用的配件时，你会发现它们通常比一般用于房车的部件更坚固。例如，Mystique入口处使用的不锈钢铰链可能看起来相当"工业化"，但它们既不会生锈也不会过早失效。此外，商业级挡泥板和沿着汽车侧裙安装的橙色反光条等配件的供应商也会参加这些车展。

残疾人使用的车辆所需的适应设备制造商也将出现，他们通常会展出上、下车斜坡和轮椅升降机。

毫无疑问，当作者的项目处于规划阶段时，参加公共汽车和货车的展览会是很有用的。

- **房车展**有户外和室内两种截然不同的形式。在一年中较冷的月份举办的室内展览会上，你可以找到最新的产品，以及各种工具、配件等。

还有户外展览，其中许多都在农业展览场地等场所举办。这些不仅有助于满足过夜车主停车的需求，而且你还会发现很多小型配件供应商，这些供应商无法负担在室内展览会上租用展位的高成本。例如，在彼得伯勒农业展览场地举行的年度春季房车展上，你可以找到能够制作一个单独的屏蔽外壳以适应在Mystique房车尾门上的通道的专业公司。

显然，通过参加这些展览来丰富你的产品知识是非常值得的。现在许多传统的零售商店正在消失，线上供应商正在取而代之。以船用装备公司为例，它就像是宝库，你可以在那里买到特殊的船上使用的固定装置和配件，其中许多也适用于房车。然而，即使在沿海城镇，船用装备商店的数量似乎也在下降，因此很高兴能在展会上找到许多这类产品，并通过网购的方式获得。

库存配件供应商

在研究房车专业制造商时，请记住大多数制造商都有经常更换车型的传统。每隔12个月推出新车型在经济上是否明智是一个争论点，但该策略确实意味着每次生产运行结束时，就会剩下一些库存配件。这就催生了一个活跃的产业，一些独立供应商会买下剩余的库存配件。

其中一家公司是Magnum，该公司甚至使用自己的现成库存改装房车销售给客户。在第4章中描述的巴士改装房车案例中就介绍过Magnum的产品。

车主Ken Carter对房车非常了解，因为他曾经在一家房车工厂工作。那家工厂后来被斯威夫特集团收购，Magnum公司与这家工厂合作，为改装者提供丰富的零配件。作者面临的唯一问题是位于格里姆斯比的中心店距离他的家很远。

虽然距离远，但总是值得的，并且一旦Mystique房车项目的外壳达到了适合上路的状态，那么就会前往格里姆斯比。这是英国为数不多的货品齐全的几家中心店之一，你可以在那里找到几百种颜色的3mm厚的板材。

除了这些基础材料之外，还有完整的房车门、家具组件、台面、橱柜前部配件、

双层玻璃窗和结构件，你可以从许多专业制造的产品中挑出需要的配件。Auto-Trail工厂位于距离这里大约5km的地方并非巧合，而其他大型制造商则位于赫尔地区的亨伯桥对面。同样，当Avondale

上图：剩余的橱柜组件有时在户外展示的 O'Leary 展台上出售。

Magnum 拥有大量从下游制造商处购买的房车窗户。

轻巧的桌面和折叠椅机构看起来很熟悉，因为它们都被用于最新改装的车型中。

巨大的货架存放着数十张 3mm 厚的轻质胶合板。

这些板材可用于房车墙壁和天花板，用于橱柜的空心门有许多贴边可供选择，这些看起来像是最近的 Auto-Trail 车型中使用的产品。

右图：报废车场里放置的不仅有破旧的房车，一些较新的房车在发生严重事故报废后也会放在这里。

右图：许多类型使用过的水泵会在房车中心配件商店里展示。

右图：如果洗脸盆仍处于良好状态，就可供出售，可能还有一个水龙头。

右图：拆除的房车中，有些零部件可以使用，房车中心的工作人员经常建造、改装房车。

右图：一块15mm厚的Vöhringer胶合板上装有封边条，安装在Zwaardvis底座上，成为一张桌子。

房车工厂在2009年停产，所有的库存都被购买，并运到格里姆斯比的Magnum公司。

可以说，作者列举的最新的车型的所有3mm厚的装饰板都是从这个供应商那里购买的，还有一个用于高级床的梯子和一些装饰件。同样，第8章介绍的大众露营车橱柜门用的灰框也是从Magnum购买的。其他建造者可能想购买双层塑料窗、塑料水槽、淋浴盆，甚至是室内装饰品，而现在这么多库存配件都存放在仓库里，公司没有像以前那样参加户外展览，因为搬运它需要一辆巨大的货车！

贝弗利的O'Leary公司又是另一种情况，它是另一家直接从制造商处购买新零件的供应商，该公司经常在户外展览中展示一系列产品。当然，如果你正在更新现有车型，则可能无法根据需求尽快找到匹配的零件。在这种情况下，报废车场可能是更适合去找一找的地方。

报废车场

虽然Magnum和O'Leary销售的库存产品是新产品，而报废车场销售的部件之前已经使用过，但未必是很旧的配件。

例如，拆除报废不到一年的房车并不罕见。只要有一次严重的追尾，就可以在保险条款中注销实际还很新的房车。事实上，如果重建整体结构是不经济的，那么它的冰箱即便只使用了几个月并且完好无损，也无济于事。这就是为什么你有时会发现在报废车场里出售完全可以使用的冰箱、炊具和暖风机。

房车俱乐部的成员可以免费获得英国房车报废车场的地址列表，这个清单并不是很长。尽管国家房车委员会已公布超过50万辆房车正在"正常使用"，并且"房车的使用寿命大约为14年"，但是如果了解了这些房车的事故情况，就觉得这些房车很有问题。无论怎样获取信息，当你在英国旅行时，你都不会在不经意间发现太多房车报废场。

房车中心: 专业的拆旧者

在威尔士南部的布莱纳文，你将找到一个大型报废场以及随附的配件商店和服务中心。这个小镇的旅游景点是个地下煤矿坑。

该镇的专业拆旧者被称为房车中心，该公司每年拆除数百辆房车。拆下的可重复使用的零件被拿来出售，该公司甚至已经建立了一个单独的部门，使用拆下的零件改装房车。

最近，房车中心一直在准备把拆下的零件销售给DIY房车改装者。在许多情况下，房车中使用的器具和材料与拖挂房车中使用的产品没有区别。然而，窗户是一个例外，因为它们的规格可能不同。因此，某些类型的房车窗户不适合于拖挂房车使用。如果这看起来不合逻辑，请记住，房车是有人驾驶并坐人的，而拖挂式房车在路上行驶时是不能坐人的。

按理说，拆旧专家出售的商品通常是"明码标价"。如果不对炊具或暖风机等关键型燃气设备进行维修、重新调试、检查，并由一位有资格从事房车燃气设备工作的专家进行安装，那将是非常不明智的。这种审查还必须确定其工作气体压力。同时要牢记，在2003年9月1日之前安装的运行设备的气体调节器的性能不同于2003年9月1日之后的运行设备。在第18章中详细介绍了实现正确配对的重要性。

只要你接受这个警示，对于考虑实际的人来说，特别是要控制预算时，使用这些二手或翻新过的产品也是很好的选择。

结构胶合板

尽管二手物品很有用，但有时只有新产品才能使用。你需要的结构胶合板就是这种情况。

由于贴面刨花板和中密度纤维板被认为太重，不适合在房车上使用，许多制造商使用的是一家名为Vöhringer的德国公司的产品。许多小规模改装公司会存有这些轻巧的板，并出售给客户。CAK也在销售类似的产品，并且可以向客户展示不同颜色的胶合板样品。。

在Mystique项目中，Vöhringer 15mm厚的双面胶合板被广泛使用。修理打开的驾驶室后隔板时会使用到它，高层双人床的结构支撑和床垫框架也会用到它。

许多改装者也乐于使用由Woolies等公司提供的封边装饰品，因此15mm厚度的轻质胶合板可用于储物柜门和桌子。

值得注意的产品目录册

下面是供应商发布的产品信息目录册中提供了联系方式和地址，以及经营邮购服务的网站。

■ **Albert Jagger公司**向商用车改装厂

下图：一些制造商 使用 Vöhringer 15mm 胶合板作为储物柜门，有很多可以选用的颜色。灵活的封边装饰品由 Woolies 等公司出售。

右图：由 Albert Jagger 公司提供的 Centaflex 尼龙柔性铰链用于顶部铰链的外部储物柜盖子，就像它在客车车厢上一样。

家提供产品，该产品目录册列出了数千种产品，包括坚固的商用车级挡泥板、重型铰链以及商用车辆上使用的几乎所有部件。它还是Centaflex尼龙柔性铰链的供应商，这种铰链安装在许多公共汽车和长途客车上的顶部悬挂式外部储物柜盖上，需要进行钻孔安装。

　　Centaflex用于悬挂为Mystique建造的GRP储物柜门，Albert Jagger公司还为掀背门提供了把手、锁和不锈钢铰链。

- **CAK房车配件公司**生产各种各样用于房车的水箱。最新产品目录册中列出了174种不同形状的水箱。其中两个是为Mystique项目购买的，然后CAK工作人员专门安装了所需的连接件。这些水箱的安装工作详见第17章。该公司过去主要以其供水产品而闻名，但现在其产品目录册中还包括了房车中使用的空调和通风设备。该公司每年都会参加在伯明翰举办的房车展览，产品展示板的信息量特别大。

- **Europa专业零部件公司**在经典车和拼装车爱好者中很闻名。它还有一个全面而丰富多彩的产品目录册，其中包括安全带、拉力赛座椅和仪表板等物品，而不是房车部件。但是，应注意优质的门锁、电源开关和其他电器。本章开头介绍的Mystique车门上的桨式门锁就是从这家公司购买的。

- **海福乐Häfele公司**有最全的产品目录册。关于家具和五金配件的完整版Häfele目录册（2001/2002版）有1150页，重3kg，厚50mm。这只是Häfele多个目录册中的一个！这些产品目录册仍在发行，尽管作者不再需要权衡它们。这是一家仅限大宗贸易的供应商，但你可以通过致电其总部找到离你最近的零售商。许多小型房车改装公司也可以为你订购产品。你可以从其经销商那里获得你在房车储物柜、抽屉、电热毯盒和任何类型的橱柜铰链上需要的所有五金配件。

寻找特殊配件

- **Just Campers公司**提供野营和休闲配件邮购服务，但公司的特殊优势是从1968年到现在一直为大众露营车和厢式货车提供零件和配件。车身面板、制动组件、替换的发动机、活塞套件和徽章只是这一令人印象深刻的产品系列中的一小部分。对于任何翻新大众露营车的人来说，这是一本必备资料。

- **Reimo**是一家德国公司，其产品可通过位于肯特郡的Concept Multicar公司订购。除了列出各种野营配件的Reimo大型目录册，较小的Reimo目录

右图：每年参加房车行业展会时，CAK 会在展台展示数十个组件。

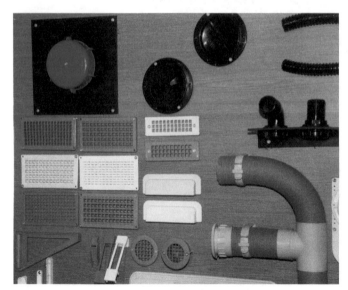

册还提供了适用于各种房车的预装配家具套件的详细信息，包括座椅组件、地板覆盖件、高车顶、升降车顶、隔热材料和家具零件。对于想要采用模块化方法进行改装工作的人来说，为特定车型使用适当的套件应该是一个很好的帮助。

- **RoadPro**是一家电气配件供应商，从许多国家采购电器，供应汽车、船舶、房车等行业。精密的蓄电池充电器、电源逆变器、卫星电视产品、太阳能电池板、倒车摄像头和许多其他附件，形成了一个有趣的目录。该公司的所有者Andrew Harris亲自对所有待售的主要产品进行测试，并在目录中提供详细且信息量大的分析报告。RoadPro参加所有主要的室内展览会和户外房车展。

- **Woodfit**几十年来一直在提供DIY家具部件的邮购服务。其总部设有展厅，厨房产品尤为突出，该公司还提供床板悬挂配件等产品。Mystique房车的所有抽屉滑轨都是从Woodfit购买的，这些都像文件柜上使用的系统一样。还购买了一个自组装钢制双面抽屉，它支撑着一个垃圾箱。装有罐装食品和饮料的抽屉可以与滑轨断开连接并带入房屋进行装卸。

- **Woolies**为经典款、拼装车爱好者提供外饰件和内饰件。其目录中包括用于保护钢板锋利边缘的卡扣式边缘饰板、用于门的通风孔、车顶内衬、乙烯基和皮革面料等。它还提供了第9章描述类型的橡胶边条，用于将安全玻璃窗安装在GRP车身壳体中。该公司已经运营了30多年，并参加了许多车展。但是，大多数人还是使用邮购服务进行购物。

　　虽然除了Reimo之外，每个公司都为

左图：这种弹簧式铰链通常可以通过Häfele供应商订购。

左图：这个Häfele铰链可以打开Mystique项目中的单人床，物品可以存放在下面的储物柜中。

作者提供了各种汽车和房车建造项目的产品，但这份名单并不完整。你可以利用附录中的公司地址来获得自己想要的信息，建议你充分利用其目录册，并登录其网站，这将是一个好的开始。

在Woodfit产品目录的厨房部分，你会发现模压餐具托盘可以放入抽屉中。

使用Woodfit邮购服务可获得舒适又通风的弧形硬木床板条。

车身外部改装

安装通风口、车顶天窗, 加装带锁车门和各种装饰, 这也是一项富有挑战性的任务。

前面几章对不同车体结构做了对比。不管何种车体, 侧面与车顶都不可避免要打洞。例如在之前的章节里介绍的窗户的安装, 在这个过程中, 密封胶用来确保车身能够承受恶劣天气的各种影响。

本章将讨论关于密封胶的更多细节以及上述工程完成后, 对于墙壁与车顶更进一步的零件安装。

最终, 将注意力转移到外部装饰上, 如各种条纹、图案和文字, 是给原本平淡无奇的车身增加特点的"美容"方法。

密封剂

任何一种在房车车身上的安装都需要能够防雨, 这就是密封剂的重要性。不过"密封剂"一词并不全面。例如, 一个用在洗手池里的密封用品不可能用在需要承受风吹雨淋的车身外侧。因此, 不同的密封用品有不同的形式和用途, 下页的图表显示了房车改装者经常使用的密封用品。

注意:

- 总之并没有一张涵盖所有密封剂产品的表格, 只有作者在修复和改装房车时用过的产品。大部分生产商销售很多种产品, 如Sika生产用途非常广泛的密封剂产品, 以针对不同用途。Carafax也提供不同颜色、不同宽度的密封胶带。它不像其他公司的筒装产品, 而是只对房车生产商销售。

- 密封剂的有效性取决于连接面是否干净。某些配方的清洁剂可用来达到表面干净这一目的。在操作时, 要格外小心

以免接触皮肤。不同厂商的产品有不同的功效。例如, Carafax公司的某些密封胶带有很强的黏附能力, 并与连接面粘贴紧固。这很好, 除非当你在安装新零件时想做微调。相同的情形也发生在那种筒装密封胶上。对比起来, Mastic W4密封胶带就没有那么强大的黏附能力——如果你想去掉或调整位置, 那它就很有用了。

- 拆除某些部件也是当你在考虑使用房车用胶, 如Sikaflex-512时非常重要的因素。一旦涂上胶, 几个小时后就会产生黏合力, 24小时后就会完全达到最大的

技术贴

固化时间

尽管树脂类密封胶通常被描述为不需要固化时间的产品, 像Sikaflex-512/252房车专用胶, 也要经过数小时才能达到最强黏性。

固化时间会延迟产品的效果, 这也是房车改装者选择使用512胶的原因, 但是要覆盖一小部分的连接面就得用热熔胶枪了。它干得非常快, 尽管不会有很好的连接效果。通常用在等待Sikaflex胶固化时, 先把东西固定在位置上。

其他房车改装者使用临时螺钉或银灰色胶带, 把Sikaflex胶包裹的零件固定在原位。这是通常的办法, 尤其在修复遮阳板轨道或装饰带时可以取代树脂类胶。

■ **硅酮类密封胶**

例子：　Dow Corning 785 Sanitary Acetoxy防霉硅胶。

用途：　密封卫生间项目，如淋浴设施、洗手盆和各种无孔表面。

规格：　310mL筒装，安装在标准DIY喷枪上。

渠道：　建材批发商。

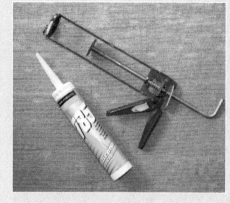

硅酮类密封胶有多种颜色可供选择，主要用于密封卫生间用品，如淋浴盆或洗手盆。

■ **非干型密封胶**

例子：　Carafax Caraseal IDL 99非干型密封胶。

用途：　提供一个有弹性的安装层，在其上安放外设如通风道、遮阳板和装饰带。

规格：　筒装，安装在标准DIY喷枪上。

渠道：　房车用品店。

非干型密封胶用于防风雨，可能需要在未来的某些时候从车身上移除。

■ **黏合密封剂**

例子：　Sikaflex-512房车黏合密封剂系列

用途：　在需要高黏合度并阻止潮气进入的不同材料之间创造一个永久的连接。

规格：　筒装，安装在标准DIY喷枪上。

渠道：　汽车用品店及部分房车用品店，如CAK，从Sika公司可查地址。

Sikaflex-512 房车专用密封剂用于密封灯具，但其黏合性能也可用于粘接车身面板。

■ **密封胶带**

例子：　W4树脂密封胶带

用途：　用于密封和重新安装房车上的设备。

规格：　5m卷，附有不带黏性的背纸。

渠道：　房车用品店。

以带状形式出售的非固化密封剂有时比从筒式喷枪施加的类似产品更容易定位。

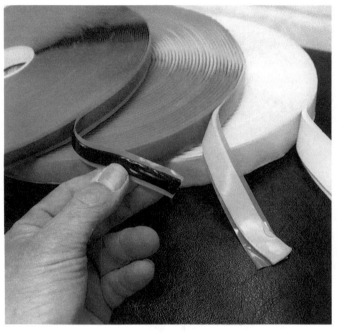

上图：不同颜色、宽度和厚度的密封胶带通常只卖给房车生产商。

右上图：非干型密封胶通常有很好的黏附特性，但它们也允许你拆下某些部件。

黏合效果。因此，拆除某些零件将非常困难。有人用一种特殊的剪切线去破坏一个已经形成的连接，但这并不容易，而且也不应该。这种胶可用来黏合金属车壳与玻璃钢，你可不会让拆卸成为一种非常困难的事。

■ 黏合剂可以不借助任何如螺钉、焊接等机械固定而产生黏合效果。值得注意的是，任何螺钉连接的地方在未来都是潜在的渗漏点。即便使用有很强黏附能力的树脂胶来安装遮阳板，也需要螺钉固定。而且，树脂胶逐渐变干后，它会开裂并最终脱落。雨水就会通过多个螺钉孔进入车体。

聚酯基修补剂

当你需要快速安装一个零件时，要使用UPol B密封剂（也被同样的生产商标注为Davids Isopon P40）。它用于汽车修补工作，其含有聚酯和玻璃纤维以增强黏性。

只要接触面有适宜的粗糙度，这种汽车修补剂可以黏合多种材料。比如，当安装一个固定螺栓时，可用来把硬木块粘到有粗糙面的车门上。

在夹层板上开孔

在这项工程中，要将一个Thetford便携式马桶安装在一辆以普通夹层板建造的房车上。需要先用电锯开孔。

当墙板被拆卸时，用一个錾子刮去孔周围的聚苯乙烯隔热材料。你只需要做到25mm深，因为你加工出的小凹槽将被大小合适的软木板条填充。它们插在孔周围一是增加强度，二是提供用螺钉固定结构时着力的地方。

插入的木头都涂有木工胶以便与内层连接。当密封胶在固化时，用小的G形夹

右图：这款 Davids Isopon P40 产品是一种聚酯胶，它需要催化剂或固化剂来激活其化学反应。

使用玻璃纤维增强型聚酯胶产品

额外所需：

1）一块用来准备混合物的胶合板。

2）一把铲刀或刮刀。

注意：混合物在炎热天气里会迅速固化，因此工作必须迅速进行。用丙酮清洁剂来清除铲刀、混合物垫板，并去除多余的胶。丙酮清洁剂能从玻璃钢供应商那里获得，也可以用指甲油清除剂，但要贵得多。

1. 在适宜温度下，将有一个高尔夫球大小的聚酯胶与三滴豌豆大小的粉色催化剂混合。

2. 粉色催化剂（通常也叫固化剂）一接触到聚酯胶，迅速发生化学反应，将其快速充分混合。

3. 将聚酯胶涂抹到木板条上用以连接玻璃钢车壳上形成的孔。

子来夹住木头。当然，门框安装到位时，外侧的铝制蒙皮与内层固定在一起。

掀背门设计

很少有房车改装者想要做一个像作者的房车那样的掀背门，因此此处只讨论主要的结构问题。

做个这样的大门很有挑战性，尤其是在GRP壳体上。例如，你要切出一个大口来，在内侧量好要切除的部分，在其四周做个凸缘，然后装上掀背门。你会发现安不上了，因为孔发生了收缩产生形变。

带着这个问题来采取相应的措施。首先用铅笔在外侧画切割线，沿线每150mm间隔的地方钻直径2mm的洞。这意味着可以确定切割点，并从内侧也做好标记。至此，工作告一段落。

在顶部安装四个Albert Jagger公司生产的不锈钢重型铰链，尽管切割工作要到数周后才进行。随后注意力要转移到内

最左图：在车身夹层板上开出用来安装便携式马桶的孔。木制框架随后安装。

左图：用木工胶连接木制框架与内侧胶合板接触面。G形夹被用来固定。

安装Remis天窗

很多专业改装的房车配有大的天窗，Heki长方形款尤其受到欢迎。Heki天窗由Seitz公司生产，它生产多种窗户产品。

然而，安装这种天窗要求车顶结构具备均匀的厚度。

当Mystique建好后，再装一个好看有型的车顶是不实际的。它的曲线以及厚度上的不均匀是Heki天窗不适合的原因。

幸运的是，Remis公司生产的天窗可以让外侧与内侧单元独立安装。而且，Mystique的车顶上平坦的安装区域只能接受一个正方形的天窗，Remis就有正方形的产品。

注意： 很多种Remis天窗包含电动单元。此处安装的款式靠手动操作，其形状更适合安装在Mystique的车顶上。

为了覆盖车顶上不规则空隙造成的空缺，便采用白色塑料装饰板。它是在侧窗安装后剩下的材料。它被修剪后用Sikaflex黏合密封剂与两边框架连接，成果是最令人开心的。

一些种类的塑料板现在可以在供货商那里买到，但要注意，有的塑料板不能与Sikaflex密封胶合用，你可以用3mm的胶合板来替代。

1. 标记用于窗框的切割线，从外侧钻透四个角。

2. 从内部确认打孔的位置，锯的底部由垫板覆盖。从车顶开始切割。

3. 只要慢速运转电锯，配以正确的锯条，在玻璃钢上切割这样的方孔很容易。

4. 放置起保护作用的盖子后，用Remis天窗的外框来检查是否合适。

5. 推荐此处使用密封胶带。当铺在窗框边缘和方孔四周时，厚度将保持一定。

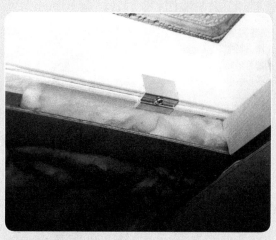

6. 用夹子将外窗框与车顶固定，使得窗框与密封胶带紧密结合。

7. 为确保应对各种天气，应使用黏合密封剂涂在天窗的边缘。

8. 从内侧你能发现车顶厚度的变化。采用安装侧窗剩余的 100mm 宽塑料板来覆盖。

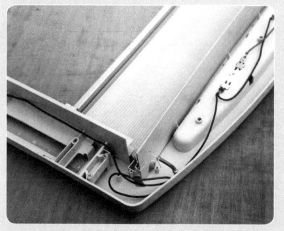

9. 在内框走线用于低功率车顶照明。电线已经在车顶空隙处布置好。

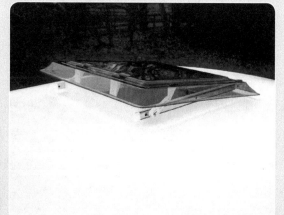

10. 从外侧 Remis 天窗可以随着滑轨完全打开。滑轨机构是外框的一部分。

右图：为了支撑其形状，掀背门安装孔在被切割之前，其框架与边缘在内部就做好了。

部、门板一侧涉及的改装并连接支撑木板框隔热材料。尾部不打开的Seitz窗户及填充的隔热材料在门板一侧安装。连接内部框架，增加隔热材料和3mm的夹层，以及建立玻璃钢门，它们能起到锁定整个尾部墙板并使其定形的作用。当最终的切割进行时不会发生形变。

对门周围的玻璃钢材料进行修整；使它成为合适的形状。

下图：与众不同的尾部掀背门能提供很多好处。

在GRP车壳上安装冰箱通风口

如果你决定安装一个Dometic或者Thetford牌子的吸收式电冰箱，就需要外部通风口了。

在Mystique项目里，上端通风口已用汽车涂料涂上银色。粗糙的通风口塑料表面可以采用这种喷涂方式，多少年之后它仍会看起来很悦目。

在这种通风口上打孔和在GRP车身板材上几乎一样。两者都要确定内部没有施工阻碍。尽管在钢板上形成一个孔的电锯配备了细齿锯条，玻璃钢的切割工作仍需要专门设计的粗齿锯条。

安全程序是永远必须要遵守的，必须佩戴经认证的护眼装备。下面的图片显示了操作步骤。

注意：

如果在这样的房车上安装通风口，在方孔周围由软木四周形成的框架要用黏合密封剂（如Sikaflex-512）从内侧连接。

当在预制夹层板中安装小型通风口时，很多厂商不介意附送一个框。可以讨论的是，你几乎不需要再去扩大方孔来容纳通风管道。另一方面，用螺钉来安装通风口时，木板提供了更好的固定性能。

1. 检查过内侧没有阻碍，且确定了冰箱位置，用通风口来标记切割线。

2. 电锯的底座会在已喷漆的表面留下痕迹，于是用遮蔽胶带仔细地进行处理。

3. 移除 GRP 板后，其下的聚苯乙烯隔热材料及内部 3mm 的胶合板都被切割掉。

4. 在切割处插入涂有 Davids Isopon P40 胶的软木板，用 G 形夹来固定。

5. 为确保方孔周边木框的安全性，也要打些深孔。

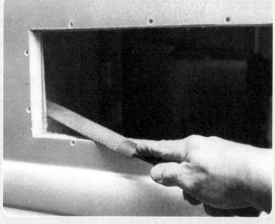

6. 方孔周围的任何凸点都要被锉刀去除掉，使 GRP 板和内侧的胶合板更平整。

7. 检查方孔的四角成直角，放置通风口以确认大小。

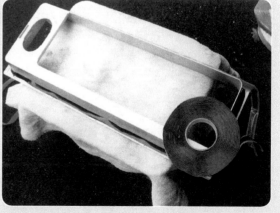

8. 在最终安装以前，通风口的每侧边缘都要包上黑色密封胶带。

右图：一位喷涂专家在板材上喷涂银色漆。使用现代喷涂技术时，保护性的设备无比重要。

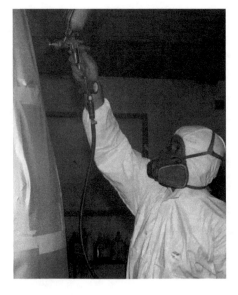

当最终切割时，打了孔和被增强的GRP板仍然很硬。随后的任务包括最后拧紧铰链、安装门把手，并安装气压支柱。还要把一个U形槽安装在铰链上方，它被用作雨水收集槽。这种金属附加物看起来很丑，做了一个特别的黑色GRP板用来遮掩，在第153页有详细说明。

涂装车身

如果你曾经喷涂过带有玻璃钢车身的拼装车，就会知道要获得一个干燥无风的天气有多罕见。Mystique门上的银色板材由专家在室内完成，许多现代车用喷漆含有氰化物，因此穿戴正确的防护设备是极其重要的。

右图：房车上采用的图文装饰是由电脑最初创作的。

我只用喷漆罐喷涂所有黑色的光滑区域，而把其余的工作留给专业汽车喷漆工去做。

图文装饰

很多地方都有图文设计师定做图形和文字不干胶，先在电脑上创作随后制作成不干胶。

在早期制作的星际争霸露营车上，我从汽车饰品店里买了这样的装饰带，效果很不错。然而，用在更精细的Mystique房车上就显得不太合适。因此我亲自设计并给车拍了照片后到图文专家那里寻求帮助。

进入制作不干胶阶段，过程需要数小时。工人花一早上工夫就能把橙色图文装饰贴到小型喷气客机上，房车对他来说就是小菜一碟。

这有几点技术方面要注意的：

- 车身必须绝对干净。
- 所有巨型装饰带和渐变凸凹图文的表面要暂时用遮蔽带覆盖。
- 图形要通过视觉从所有角度检查，以确保效果。
- 当所有事都看起来没问题时，沿遮蔽带贴好小标签，还要贴在角落以确认最终位置。
- 当背纸撕走后，车身和图文可用浇花用的洒水壶喷一层水雾。水可以去除黏性以使你可以调整图文的位置。
- 随后你要检查表面，用挤压工具将水排出，于是就会有黏性。
- 也要挤压出气泡，用针戳破是最后的手段。
- 去掉表面覆盖的纸以显示出图文装饰。
- 最后，任何特殊铭牌都要确认位置并固定好。可用很多种字体、大小和颜色，在车身表面上骄傲地展示。

最左图：使用浇花用的洒水壶来喷水，使图文装饰可以滑进位置。

左图：放好图文装饰后挤压出水分，黏性就会发挥作用。

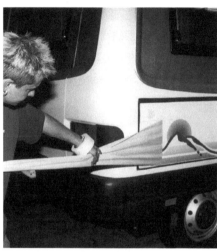

最左图：在处理和安放阶段，图文装饰表面有一层保护层。

左图：铭牌可由各式各样字母和颜色通过电脑创作。

技术贴

应用长不干胶

在像宽幅设计的长图文装饰条上采用一种技术，它分为两个阶段。第一，图文装饰条暂时贴在位置上，并贴上标签确认位置；然后将一个垂直遮蔽带通过其中间部分，覆盖在其表面背纸上。用这条垂直带做"轴"，使得长图文装饰条的前部及后部能够扯离车体。

现在的办法是对每部分分开操作。一部分依靠纸"轴"向前掀开，撒上水，背纸随着"轴"一起去掉。在那点扯掉之后，把不干胶涂抹好，把这个部分固定到位置上。

然后纸"轴"略微重新放置，此程序可在剩余的一半图文装饰条上重复。

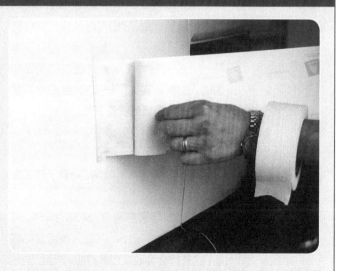

在长图文装饰条的中点，用一个垂直遮蔽带使得图文可以从车身上揭开，这种方法可以分两个阶段使用。

房车的隔热处理

无论你决定改装哪种房车，隔热处理都是一项必须要做的工作。

本章介绍隔热的三个功能；

1) 在寒冷天气减少内部的热量流失，从而提高加热设备的燃料效率。

2) 在阳光下停车时，使车内温度不至于升高到无法承受的程度。

3) 减少内部水汽凝结。

绝大部分隔热材料不同于隔声材料，这并不奇怪。另一方面，它们都能一定程度上阻隔来自过往车辆、汽油发电机、夜店的噪声。

降噪当然是3M公司一款叫Thinsulate的隔声产品的特点，它还有如同给车身穿上衣服一样的保温功能。例如，它被用在滑雪手套和冬季登山夹克中。一些房车生产商也利用它隔声与保温的双重性能，如Auto-Sleepers、Devon和Middlesex这三家公司。尽管它比类似的隔热产品贵，却无疑在使用中更令人愉悦。

绝大部分在房车中使用的隔热材料也用在建筑业里，它们可以从建材供应商或DIY商店里买到。安装隔热产品非常重要——任何曾睡在未被改装过的面包车里的人都能证实。很快车内凝结的水汽就会沿着车的金属侧壁流下来。

水汽凝结

为了搞清楚水汽凝结，先要了解蒸发是怎样形成的。

在房车起居空间内，暴露的煤气、开水壶和水槽中的热水，以及人类活动如呼吸，这些都会导致蒸发的产生。而且，空气越热，越多的蒸汽就会保持在车内。

当车内的蒸汽与冷空气接触，如风窗玻璃处，其温度下降，蒸汽开始凝结形成水滴。

驾驶时为了清洁风窗玻璃，我们使用除雾器，它送热风吹向玻璃，很快会清除雾气——只要风扇一直在工作着。

而当房车停着，除雾器没有在使用时，天冷的情况下单层的驾驶室玻璃上全是水汽凝结。这也是许多房车车主在车外安装隔热板的原因。Silver-screens的系列产品特别受欢迎。

在起居空间里，双层窗户不大可能起雾，是因为玻璃不直接与外部冷空气接触。墙体和天花板需要隔热处理，以达到相似的效果。

并不奇怪的是，在起居空间内部，房车使用的夹层板很不容易变冷，不像用GRP壳改装的房车那样。一块GRP板肯定内侧会变冷，因此全部内表面都要做隔热处理。其中一种方法是使用聚苯乙烯板。

用厢式车改装的房车则遇到一个更大的挑战，因为金属车身发生热传递非常快。包裹车身是容易的，但要对车的结构性框架部件做隔热处理很难。这就产生了建筑业里为人所知的"冷桥"。

冷桥与凝结

在起居空间内部和外部空气之间仅有一层金属时，这样的结构会产生冷桥。例如，大约20年之前的房子安装的铝制露台门，在寒冷冬天会有凝结的水汽流下来。房车的铝框门以同样方式建造，相似的凝结水珠会在内部形成。

出于对此的考虑，建筑业现在的规定是安装热屏障。这就需要在金属门或窗框的结构中安装隔热材料，避免外界与内部直接接触。在新房里，甚至有在窗框周围建的热屏障，使得墙外部的砖头不与内墙相连通。

热屏障能阻止潮湿渗入建筑物，还能减少热损失。在作者写作本书时，这些要求还没有应用于房车改装者或车门等零部件的生产商。现在的实践是要讨论一个由添加的隔汽层产生的隔热外壳。

左图：驾驶室的玻璃可以使用Silverscreens的隔热产品，而且有多种选择可用，可针对不同车型。

是种聚酯和聚丙烯材料，不吸水。

3）　半柔性板材。这种产品通常在砌砖时填充在空隙中。

隔汽层

遗憾的是含有蒸汽的空气能够通过空隙渗入到衬板里，从而接触到能产生水汽凝结的冷表面，并使其形成分离。安装一个隔汽层就可以对付这种情况。在建筑业中，经常使用强力聚乙烯或特殊带有衬垫的石膏板。

一些房车自建者致信杂志社，咨询是否需要在房车墙壁和天花板的内衬胶合板安装之前加上一个隔汽层。毫无疑问，这将帮助减少水汽凝结在看不见的表面形成，阻止所谓的"缝隙结露"。这会产生在木材纤维深处并加速其报废。然而事实上在房车改装中，隔汽层经常被忽略了。它可能会在未来更多应用。

目前情况下你要考虑两件事：

1）　选择隔热材料。

2）　安装所选的产品。

隔热材料的比较

在房车改装中主要使用的隔热材料有以下几种：

1）　刚性板材如聚苯乙烯（EPS）或泡沫塑料。前者从建材供应商处购买，后者在房车维修中心。

2）　柔性合成纤维。有一种柔性纤维填充物经常用作保温隔热，而Thinsalate

注意：

■　在保温层中使用的颗粒状隔热材料和家用烟道的隔热材料似乎并没有应用于房车。

■　一些德国厂商把泡沫注入到墙体空隙中，但这种产品极少见。

■　喷雾泡沫曾用于屋顶瓦片下方的隔热处理，也可用在房车改装上。然而，作者知道只有一部DIY改装房车采用这种方法，尽管改装者很满意。

地板隔热处理

1. GRP 壳体的地板是 19mm 厚的船用胶合板，用 35mm 的蓝色泡沫塑料板覆盖。

2. 板条切割至 35mm 高，置于 460mm 规格的泡沫材料周围，顶部用 6mm 的胶合板粘合并固定。

注意：图2显示了地板上造出的通道，用来放置暖风机的水管和一些电线。

刚性板材

房车自建者几乎不可能买到含有隔热材料的复合板。专业房车生产商生产这类板材只是给自己用的。相应地，刚性板材要松散地放置而不是紧挨着，但也不能总是晃动。发泡聚苯乙烯材料在摩擦时会发出噪声；摩擦中的泡沫塑料会碾碎。

只要在平面上用，它们都是成品。弯曲一块板会像芝士饼干那样折断。然而用一把锯子就能切割它。

泡沫塑料有紧凑而封闭的单元结构，35mm厚的泡沫板广泛用在隔热地板上。对于墙体，生产商用25mm聚苯乙烯材料，而Auto-Trail公司是个例外。它们有款隔热程度很高的车型对冬季使用者很有吸引力，其墙板有35mm厚。

柔性与半柔性填充物

当你要对形状不规则、厚度不均的部件做隔热处理时，柔性产品就很需要了。在黏结结构出现之前，玻璃纤维车顶隔热已经在房车墙体内部使用了，但它会随着时间的推移而开始塌陷。如果你想翻新一辆旧车，墙体上面部分可能留下些塌陷造成的脱落。

柔性填充物隔热材料成卷地销售，经常用于阁楼与天花板连接处中。然而，这类产品也有不同型号用来填充有洞的墙体，且有更强的稳定性来克服塌陷问题。在供应商那里它们成堆地卖。

既然在钢板结构房车中几乎没有平滑的墙体，柔性或半柔性填充物就是理想的选择。

在Mystique项目中，柔性的阁楼隔热材料可以在DIY商店买到。因其有不同的厚度和弯曲的形态，也用于入口门。

柔性隔热材料也用在Mystique项目的车顶，插图是一个人造天花板用来平整车顶突出的曲线。那是因为随后应用3mm厚的胶合板会极其困难，若将其弯折成两面，如图所示，造一个柔和的弯曲支撑。当然，天花板灯供电的电线要在装胶合板之前装配好。

注意： 天花板可由Evo-Stik ResinW木工胶来固定，但是在它晾干时需要支撑。以前曾用一个固定胶带来代替钉子，没有成功。尽管很多胶有不同的工作特性，这里使用的Sikaflex-512房车密封胶。Sikaflex-252 和 Sikaflex-221 都被证明是有效的。

使用Wickes速干隔热层

1. 第8章中的大众车改装案例里，有可拆卸的板，使得隔热材料可以在随后添加进去。

2. 手部要穿戴好防护用具。柔软的材料能很容易沿着侧壁的金属杆塞进去。

3. 贴上遮蔽条防止隔热材料脱落，并小心处理车尾灯的电线。

4. 这是在板下用遮蔽条来固定的一大片隔热材料，在第8章曾经介绍过。

使用Thinsulate材料对房车进行隔热处理

1. Thinsulate材料产品的特点之一就是容易剪裁到想要的大小，容易把握。

2. 一旦剪切成形后，每块板都要铺开，喷上黏合剂。

3. 张贴准备好的部分，用力按压使其与金属板黏合。

4. 房车有很多的镂空与凹陷，都要填充隔热材料。

门的隔热处理

1. 有弧度的侧开门配有铰链和弹簧门锁，显然此处需要柔性隔热材料。

2. 为了加装 3mm 的内衬板需要造一个平面，用长宽各 22mm 的软木板造个框架。

3. 软木板之间填充了隔热材料，其厚度因门各处厚度的不同而不同。

4. 在弹簧锁的周围做好门的框架，用 Sikaflex 密封剂把 3mm 装饰板固定到框架上。

天花板的隔热处理

1. 用 Sikaflex 密封胶把木块与 GRP 板结构及 6mm 厚的胶合板条连接。

2. 跨越整个天花板，安装在木块上的6mm胶合板框形成一个比其他地方都平缓的平台。

3. 柔性隔热材料填充在整个 6mm 胶合板条之间，并布局好天花板灯的电线。

4. 用 Sikaflex-512 密封剂把胶合板固定，木条能撑 24 小时。这块天花板是驾驶室上面的区域。

布局、存储和重量分配

改装房车要遵守基础车辆的重量限制要求，有些需要加装的部件非常重。

人们日益担心的是，许多房车在过载的情况下行驶。这在第6章中进行了讨论并且指出了基础车辆的最大技术许可载重（MTPLM）只是需要考虑的几个问题之一。

例如，单个车轴也有最大重量限制。警方在路边进行检查时也发现，很多房车的后车轴负载量往往超出规定的限额。这不仅是危险的行为，也是违法行为。当然，在车辆后面放置自行车或小型摩托车也没有坏处，但它显著影响后轴载重负荷。

当一辆房车的后悬过长时，情况就更糟糕了。对杠杆原理的基本理解表明，当有突出的后悬时，支架和小摩托车的重量会大大加大对后车轴的下压力。不光摩托车会造成后轴过载，一些小型电动车也很重。

实际上，许多房车车主在某个阶段会在车的后面安装载物支架。在决定永久固定装置的位置时，DIY改装者需要特别留意这一点。

举个例子，比如说厨房用具，包括大尺寸的灶具和冰箱，通常是所有的家居产品中最重的。相比之下，淋浴盆、洗脸盆和抽水马桶要轻得多。一张双人床会更轻，尽管它可能占用更大的地面空间。

正如下面的章节所揭示的，如果你正在改装或翻新一辆房车，这些重量的差异需要牢记在心。

底盘加装式房车的布局

有些人喜欢厨房装在车最后面的布局。虽然就底盘加装式房车而言，这并不少见，但这些设备在后轴上施加了相当大的重量，如果再有较长的后悬和后面的摩托车架的话，情况就更严重了。

如果你想在房车后面增加支架搬运重物，那么在后面建造一个完全合适的厨房可能是不可取的，尤其是底盘有一个很长的后悬时。将生活区的最后面做成折叠床可能是一种更明智的策略。

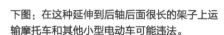

左图：当一辆摩托车被装在一个房车的支架上时，后轴可能会超出其允许的载荷。

下图：在这种延伸到后轴后面很长的架子上运输摩托车和其他小型电动车可能违法。

上图：在这款 Autocruise CH Starquest 上可以看到，在后面改装厨房很受欢迎。

右图：与许多改造的厢式车一样，这辆 1999 年的 Swift Mondial 具有很短的后悬。

厢式车改装房车的布局

一般来说，由厢式货车改装而成的房车，以上的问题不会那么严重。这是因为许多最新的厢式车的后轴安装得非常接近车辆的后部，因此后悬几乎可以忽略不计。当然，重量限制仍必须遵守，许多露营车的车主同样希望在后面固定的货架上携带自行车或其他重物。

配件的重量

内部布局不是唯一需要在设计时考虑车辆重量限制的项目。你还需要仔细考虑安装重型固定设备的地方。例如：

- 95A·h 蓄电池可轻松达到 25kg。
- 一旦确定了要使用的燃气类型，请在体重秤上称一下完整的气瓶以确定其重量。
- 当清水箱和污水箱装满的时候也会很重，也必须要称重。
- 你可能想带一个备用发电机，这些比你想象的还要重。即便是紧凑型的本田 EU10i，自身的重量也达到 13kg，添加燃料后重量甚至更多。

定位配件

当你进行一些重量检查时，要立即明确为什么你需要仔细考虑把配件放在什么

位置。奇怪的是，一些专业制造商仍然做出不明智的决定。如果你比较几种房车，当发现后面装有备用蓄电池的房车时，请不要惊讶。你还可以找到后面装置大水箱的房车。

重量不是决定组件位置的唯一问题。在第16章中，你将了解影响备用蓄电池首选位置的其他几个技术因素。

当谈到水箱时，将它们安装在车内是合乎逻辑的，这样里面存储的水就不太可能在0℃以下时冻结。麻烦的是，你的个人物品也需要空间来放，这就是水箱经常安装在地板下面的原因。如果车内还有空间，那就在储物柜或特制外壳中安装清水供应罐。

关于Mystique自建项目，第6章中描述的底盘改装确保了后悬变短。进行了修改后，所有重型物品安装在前后轴之间，这样两者都可以分担负荷。于是，两个95A·h备用蓄电池安装在紧挨乘客座椅后面的橱柜中。在车辆的另一侧，在驾驶员座椅后面，一个直立的59L清水箱安装在类似的外壳中。这有助于横向平衡负载。

在起居空间的后部，但仍位于后轴的前方，隔间可容纳一个4.5kg的丁烷气瓶和另一个2.72kg的丁烷气瓶。 在相当大的隔间的左侧，安装了一个9.09L的

技术贴

气瓶称重

如果你不想使用体重秤称量气瓶，你可以按照以下方法计算出其近似重量。

- 找出皮重。这是指空的气瓶重量。在Calor Gas产品上，铝制标牌上的皮重标记为lb和oz。要将其转换为kg,
- Calor Gas气瓶中液化气体的填充重量以kg表示，并在两侧用白色粗体字标记。
- 将皮重和填充重量加在一起以确定总重量。

Calor Gas 标牌上的标记显示空的气瓶（皮重）重14lb12oz（约等于6.7kg）。

下图：这辆 2006 年的 Orian Aquilas 房车上的水箱安装在长后悬的上面，这肯定会对后轴产生很大的下压力。

铜制热水罐，这是热水器和供暖系统的一部分。

仔细规划的结果意味着实现了部件的平衡分配，其中没有一个位于后轴的后方。此外，厨房建在两轴的中点，在另一侧由淋浴/卫生间平衡。

毫不奇怪，在厢式车中实现这种分布式布置的范围较小，特别是当基础车辆沿其侧壁具有大的滑动门时。但是，在决定适合所有这些装备的位置时，你仍需要考虑重量。

最大限度地利用空间

不管车有多大，在空间利用上总会有不可避免的妥协，更不用说不同国家的人对空间利用的偏好了。德国的设计师通常会创建非常小的厨房，因为车主通常会去餐厅和酒吧里吃饭。虽然我们惊叹于德国房车的豪华、宽敞、明亮的淋浴和洗手间设施，但是一个小的不起眼的厨房对于英国车主来说是不太容易接受的。然而，你不能拥有一切，作为一个DIY改装者，你必须基于实现最佳利用空间的策略来确立你的优先考虑因素。

最大化空间的一种方法是将驾驶室与起居室连在一起。许多供应商出售的座椅转盘实现了这一目标。不幸的是，这些旋转机构为许多人增加了不可接受的高度，因此通常会安装减小高度的座椅底座以替换原件。

技术贴

水箱

建议房车驾驶员在上路前清空水箱，可改善操控性和燃油经济性。根据这个建议，许多车主排空了他们的清水箱。然而，也有一些人喜欢带着足够的清水出发去郊外野餐。可惜水很重（1L重1kg），这就是位置不合理的水箱会导致后轴超载的原因。

安装驾驶室座椅旋转接头

1. 许多配件公司出售的旋转接头已经被固定在菲亚特车的座椅和其原有的前后滑轨之间。

2. 由于增加了旋转接头可以提高座椅的高度，一些车主拆下固定原座的四个螺栓并安装了替换组件。

3. 由 TEK Seating 公司出售的菲亚特替换底座足够低，以便乘客的脚可以舒适地踩到地板上。

4. 在这辆 1999 年的菲亚特车上有一个可拆卸的方向盘，让驾驶员的座位也可以旋转，这使得驾驶室成为起居空间的一部分。

此外，在较旧的菲亚特和标致车型中，获得足够空间来旋转驾驶员座椅的唯一方法是安装可拆卸式方向盘。遗憾的是，这种方向盘不能安装在最近的车辆上，因为原装的方向盘包含安全气囊。但是，在后来的驾驶室中似乎有更多空间可以旋转驾驶员座椅。事实上，2007年推出的用于房车改装的菲亚特底盘就包括作为可选配件的可旋转座椅。

旋转座椅通常不适合厢式车改装，但2012年，一家房车部件公司推出了一种机械装置，可以装在大众T5厢式货车的座椅上。这款有趣的产品通过网站销售并在网上展示了它的安装方式。下页的插图显示了它安装在第8章所述的大众厢式车上。

存储策略

为了提供更多的活动空间，让驾驶室空间发挥作用当然有很好的逻辑道理，尽管这并没有为存放衣服提供更多的空间。在一辆房车里，你在选择度假服装时，你肯定受到很大的限制。一些改装厢式车的车主会安装车顶箱以获得空间；另一些则用各种巧妙的扩张手段，以便在车内挤出一点空间。

另一个限制因素是，由于厢式车的侧门滑动导致侧壁空间减少。然而，你不必让门的整个宽度向外界敞开，一些制造商在门的另一部分安装家具。在底盘加装式房车上创建存储空间肯定更容易。例如，地板下的抽屉可以定制，以适应底盘障碍物。Beeny Boxes公司的产品非常适合提供有用的存储

适用于大众T5厢式车的Kiravans双座椅旋转接头

注意: 如果你完成了对已纳税和投保车辆的这些改动,请通知保险公司。这是大多数保险政策的一个条件,改装这样的车辆必须要报告。

1. 一些大众 T5 厢式车在驾驶室内有一个双人乘客座椅,现在可以安装一个旋转接头以增加起居空间的座位。

2. 双人座椅底座向前翻起,露出八个地板固定螺柱和螺母。卸下座椅后,拆下每个螺柱的无螺纹部分。

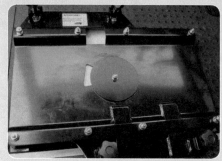

3. 旋转机构重 22kg,使用八个螺柱安装在地板上。通过四个旋转手柄将其释放以便旋转。

4. 在安装牢固旋转接头之前,最初连接到座椅本身的接线板必须塞入地板下方现有的凹槽中。

空间,它们安装得很低(从而有助于提高行驶稳定性),非常适合装载物品,如千斤顶、三角警示牌、连接电缆等。这家公司不销售DIY产品,因为每个储物盒必须经过精心设计,以满足特定的房车。这需要前往康沃尔郡的总部,许多车主在休闲度假时顺道过去。

车顶的箱子可以装不少东西,但如果太重却恰恰是不应该的,因为它高于车辆的重心。

长而类似雪茄的车顶箱更符合空气动力学,但它们通常能装的东西有限。无论哪种方式,你需要爬到车顶进行装卸,这引发了另一个问题,因为一些房车的车顶不够坚固,无法行走。Arto房车公司甚至专门强调,"车顶实际上并没有设计成可以行走"。 2004年推出的Arto 69 GL Lux在车辆后部设置了梯子,这是一个令人惊讶的设计。

总而言之,对空间的追求总是带来挑战,但挑战是自建者经验的一部分,而且只要有意愿,就有办法。

左图：一些塑料车顶箱不符合空气动力学性能要求，但它肯定会增加房车的存储空间。

最左图：许多底盘加装式房车的车主都在地板下方安装了特制的 Beeny Boxes 储物抽屉。

左图：与所有 Beeny Boxes 的产品一样，为这款 Ace Novella Capri 制造的产品即使在抽屉打开时也能够承受高达 45kg 的负载。

左图：就像几个厢式车改装车型一样，这款"IH 露营者"会在车门处安装家具，当滑动门完全打开时，这些家具就会显露出来。

塑料加工

ABS和GRP模制件都被房车制造商广泛使用。无论是翻新旧车型还是从头开始改装，你都会遇到这两种类型的塑料。

"玻璃钢"这个词通常用于描述由玻璃纤维增强塑料制成的模塑产品，简称GRP。制作GRP面板可能是一个繁杂的过程，因此在许多房车中，经常使用丙烯酸树脂封装的ABS塑料。检查许多淋浴房的配件，你会看到ABS产品。

ABS代表丙烯腈-丁二烯-苯乙烯。ABS塑料常用于许多房车的基础车辆上的保险杠，并且通常具有带纹理的亚光表面。相比之下，丙烯酸表面层产生光泽，这种丙烯酸树脂ABS用于淋浴盆、洗脸盆、外部模制件，以及许多车型的车身面板。

这种材料非常适合大批量生产，尽管其制造需要昂贵的设备。相比之下，GRP模制件的制造需要的设备非常少。事实上，你甚至可以在家中的工作间里自己构建面板。

《房车手册》这本书里介绍修理这些材料的方法，而本书更多的是关于制造的内容。在第9章中介绍的房车项目中的GRP面板必须单独制作。这些措施包括：

- 巨大的柜子盖，因为原来的柜子不见了，可能已经被毁了。
- 在合金雨水槽上安装装饰盖。
- 掀背门周围的接合面及其框架。

那么，你将如何制作类似的物品？从何处获取材料？

获取材料

可以在互联网上搜索制造GRP的材料，可以找到一家名为Trylon的供应商。该供应商位于伦敦，已经为DIY爱好者提供所需材料近50年。这家公司不仅供应物资，还发布了免费说明书，描述安全预防措施、存储要求，提供有关使用材料的指导等。当作者在20世纪60年代首次使用该公司的产品制造独木舟时，必须开车去它位于北安普敦的工厂。

一些GRP原材料对人体组织有伤害，无论选择任何供应商，请务必仔细阅读有关安全和存储的建议。以下只是一个广泛的概述，应该通过Trylon等供应商提供的建议进行补充了解。

右图：用黑色 GRP 做一个盖子来遮盖铝合金雨水槽，以与窗框相匹配。

右图：准备一个厚的模板材料，并将其形状复制到白面的纸板上后，为侧面制造了一个模具。

需要的工具

下面的插图显示了所需的一些工具。一个旧的厨房秤适用于称量树脂;像木工锉这样的工具由优秀的工具供应商出售。大多数GRP产品供应商都提供刷子、滚筒和催化剂混合容器。

你需要一个材料混合容器和一个秤。树脂要按重量混合,因此,在添加树脂之前,将空容器放在秤上并将其指针设置为零。

使用刷子将树脂刷到模具上,刷子也用于处理浸渍的玻璃纤维。随后使用滚筒将树脂拉过表面,使玻璃纤维开始卷曲。

用剪刀切割大块不规则的边缘。这种玻璃纤维材料处理起来不舒服并且可能引起瘙痒感,因此需要戴上手套。

许多操作人员在使用树脂和处理树脂浸渍垫时也戴手套,也有人更喜欢使用护肤霜保护他们的手,然后使用专用清洁剂。

当模塑件成型时,模具周围的多余材料可以用锋利的刀切割,然后变硬(称为"绿色阶段")。如果有残留物,那么你需要一把锯来去除它们。

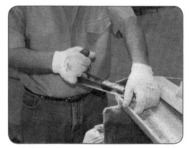

模压面板完全固化后,你可以使用刨修剪任何剩余部分。当你想要取出它时,轻轻地将它弄松。如果在两个部分之间插入金属楔子,表面可能会被损坏。

另一种方法是通过弯曲其多余的卷边从模具中取出产品。之后,可以使用钢锯和木工锉进行修剪。

虽然催化剂可通过称量与树脂混合,但使用供应商提供的内置测量的特殊容器更容易操作。

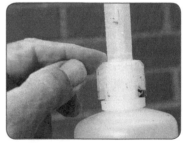

处理或测量催化剂时,保护眼睛至关重要。当挤压这个容器时,催化剂向上流动并注入量筒。

注意: 上面提到了"绿色阶段"是指当层压产——品开始固化但尚未达到其最终固态的阶段(就像农作物为绿色还未成熟变黄的阶段——译者注)。当模制件的多余边缘达到"绿色阶段"时,可以用锋利的切割刀轻松地将其修剪掉,而不会损坏层压产品的主要部分。如果你在固化过程中错过了这个中间阶段,修剪过程通常需要一个钢锯,这比使用切割刀的操作要更加繁琐。

安全使用

层压树脂、胶衣树脂、丙酮清洁剂和催化剂都必须按照供应商发布的安全建议说明进行处理。最糟糕的事故之一就是催化剂溅入了你的眼睛，因此应该在操作时佩戴护目镜。

即使是最少量的催化剂也会对你的视力造成伤害，如果它溅到脸上，用大量清水冲洗眼睛至少15分钟，并立即寻求医生的帮助。

在汽车修理过程中，催化剂（通常被汽车维修工称为硬化剂）以有色糊状物的形态供应，使得它不会溅到人身上。然而，当用模具制造车身时，催化剂是液体形态，并且必须经过称量，并与树脂混合，因此可能存在危险。

使用所有基于树脂制作的产品时，请戴上手套或用GRP专家出售的护肤霜涂抹双手。

安全存储

供应商的建议清单中提请注意材料的易燃性，尤其是丙酮清洁剂。所有产品都需要存放在"禁止吸烟"的环境中，远离明火。

还要确保催化剂装在供应商使用的同类容器中。如果转移到带有螺旋盖的塑料容器以外的任何容器中，你真的会遇到麻烦。例如，如果你将催化剂转移到使用塞子的罐中，温度的变化可能会在内部产生压力。这会导致塞子发生意外，与蒸发的催化剂雾一起飞出。我很惭愧地承认我多年前就吸取了教训，因此请确保你遵循了安全清单中给出的有关处理和存储的所有建议。

加速剂

如今，聚酯树脂被描述为"预加速"，因此它的名字上

有时会有"PA"字样（pre-accelerated）。然而，在以前树脂不含促进剂的情况下，这是作为第三种化学品提供的，必须在使用前加入树脂中。当你即将开始工作时，就将催化剂添加到预加速树脂中以激活化学反应。

必须明确警告，如果你将紫色加速剂直接与催化剂混合时不谨慎处理，就会发生爆炸。尽管有这种警告，事故仍然会发生。因此，现在已经将催化剂预先混合到胶衣树脂层和层压树脂中，这通常使它们呈现略带粉红色或蓝色的色调。

这种方式很有意义，但也意味着预加速树脂的保质期缩短。如果在推荐的条件下进行存储，它应该可以持续几个月；但如果它形成厚厚的、类似蜂蜜的稠度，则需要将其扔掉。为了最大限度地延长保质期，树脂和催化剂应在不高于20°C的温度下存储，最好在阴凉处保存。

树脂

在大多数项目中，需要两种类型的聚酯树脂来使用模具制造GRP板。第一层树脂称为胶衣树脂，最终成为面板的精细表面。胶衣树脂紧密贴合模具的形状，并产生耐磨的表面光洁度。

为了得到模塑件的颜色，将颜料膏加入到胶衣中，重量基准为6%~10%。有时，你可以购买白色和其他一些常见颜色的预着色胶衣。但是，如果自己添加颜料，请注意某些颜色比其他颜色更容易留下斑点。为了避免这种情况，一些用户按照10%的比例添加颜料膏，除非添加更密集的黑色颜料。但请再次阅读供应商的说明。

混合颜料后，再添加催化剂，开始化学反应。你必须在这里按部就班地工作，但不要忽视彻底搅拌混合物。催化剂必须完全混合到胶衣树脂（或随后的层压树脂）中，而不仅仅是在混合容器的表面进行搅拌。

技术贴

清洁刷和滚筒

当树脂开始固化时，它会在刷子的刷毛或滚筒上形成硬块。如果不及时将丙酮倒入足够容纳工具的容器中进行清洁，它们将很快被毁坏。在大型模具上工作时，这需要经常进行，并且在将工具重新投入使用之前，可使用一次性毛巾擦干多余的丙酮。层压工作完成后，用温水和大量洗涤液清洗设备，并用丙酮进行清洗。

创建模具

模具通常由GRP制成，就像随后的模塑件一样，非常厚。大型模具通常也具有支撑柱，以防止变形。

也可以使用厚玻璃板制造平坦的GRP板，其作为基本模具并且赋予塑料显著的光泽。还可以使用层压刨花板创建一个类似的基本模具，这就是为第9章中描述的Mystique项目构建侧锁柜门时所做的。

类似的方式还有，用塑料容器当模具制作 GRP 复制品。塑料桶、塑料茶盘只是其中的几个例子。请记住，你需要确定哪一面作为成品的光亮表面。

从头开始创建复杂的模具要困难得多，超出了本书的范围。然而，有专家可以做到这一点，V&G 房车公司为第9章中介绍的房车创建了两个轮箱（显示此过程插图在第113页）。

V&G在重建无法获得的模具复制品方面也有很高的声誉。例如，如果客户将破损的ABS或GRP淋浴盆、洗手盆、轮眉或储物柜盖子带到该公司，他们就能修补损坏的部件，以便可以创建复制模具；制作模具后，生产出GRP复制品。

另一家经营类似服务的公司是The Caravan Panel Shop，数十个模具存放在它的工厂中，每当客户需要更换严重损坏的塑料部件时，都会制造新的模具。

这些接触是值得注意的，特别是如果你正在翻新旧的房车，其ABS或GRP面板已损坏且无法替代。以下插图显示了一系列典型项目。

注意：请记住，此类工作可能涉及版权问题。当企业制作了异国情调的跑车车身的非法复制品，然后以套件包的形式出售它们时，就出现了侵权诉讼案件。然而，在制造商不再销售的房车中复制淋浴盆不太可能引发侵犯版权的诉讼。

用于大型车身板的模具占用了大量空间，但 V & G 拥有庞大的产品系列，其中许多产品都可以制造出来。

在 The Caravan Panel Shop 公司，一个由严重损坏的轮眉制成的模具现在正在进行抛光，以便可以生产复制品。

一位顾客提供了一个严重破裂的 ABS 角落洗脸盆，现在这种洗脸盆已无法获得。这是由 V & G 制造的复制模具，可以生产出精确的复制品。

ABS 淋浴盆破裂并不罕见。The Caravan Panel Shop 公司拥有大量模具，可以制造各种各样的 GRP 材料复制品。

然后将催化的胶衣树脂涂在预先抛光的模具上，但不要像刷普通油漆那样。必须对模具的每个部分进行涂刷，如果时间没掌握好，并且胶衣树脂开始在混合容器中转变成固体块，请停止，并取一个新容器，立即准备另一种混合物。

一旦模具完全被覆盖，等待胶衣树脂涂层固化，但这并不意味着它必须完全干燥。事实上，这是错误的。初始固化可能需要一两个小时，但具体时间取决于温度和所用催化剂的量。可通过简单的测试确定其固化程度。用手指触摸胶衣树脂涂层表面的不显眼部分，如果它已经充分固化，应该会因为黏性在表面上留下可见指纹，但树脂不应粘在手指上。如果粘在手指上了，请稍微延长一点时间。

下一步操作就是层压树脂的应用。适当地用颜料膏着色（但通常仅为2.5%），然后使用2%的催化剂进行活化（再次提醒，请按照产品说明进行确认）。再次进行彻底搅拌。

用刷子轻轻地将树脂涂在胶衣树脂涂层的表面，然后加入预切的短切原丝毡或玻璃纤维布。有时将一块材料放在一些报纸上，然后用树脂"润湿"，在它变成碎片之前将它转移到模具中。一旦将其放入模具中，通常在材料的表面添加少量树脂。然后你使用一个刷子和一个特制的滚筒进行处理，这两个工具都有助于迫使树脂透过材料。滚筒还有助于分解"短切原丝毡"中的"黏合剂"，使其直线纤维开始卷曲。这是有效层压工作的标志。

增强材料

房车构件通常需要比较坚硬的状态，因此需要使用短切原丝毡（通常称为CSM）；如果需要柔韧强度而不是刚性，则使用玻璃纤维编织布。

当使用GRP材料制造面板时，通常在反面可以看到玻璃纤维增强层。不可否认，最后一层特殊处理可以用来减少粗糙度，但它仍然无法实现ABS部件上的平滑反面。

在切割CSM时要记住，使用的增强层数量决定了构件的最终强度和重量。出售的CSM的厚度也不同，较受欢迎的规格为300g和450g，两者都是其每平方米的重量。

由于工作特性，300g的CSM更容易陷入复杂模具的紧密凹槽和曲线中。未能将其向下放入紧密的凹槽中意味着小的气泡被夹在胶衣树脂涂层和玻璃纤维增强的层压树脂之间。当模制件首次从模具中取出时，气泡并不总是明显的。然而，当薄的胶衣树脂出现裂缝后，表面将出现凹痕区域。在模具具有锐角的凸缘的情况下，先用几层玻璃纤维薄片覆盖这些复杂的角部分通常是有益的。你会发现这些薄片在突出的轮廓周围可以很好地铺设。然后，使用CSM添加后续层。

催化剂

催化剂通常以2%的比例添加到胶衣和层压树脂中（但请查看制造商的说明）。1g催化剂大致为1mL，这在混合容器中更容易测量。因此，如果你称量100g树脂，它将需要2mL催化剂来激活化学反应；同样，250g树脂需要5mL，依此类推。

当然，在炎热的天气中反应会加速，建议你不要在寒冷的环境中使用树脂。通常需要调整添加催化剂的百分比以适应工作场所的温度。

技术贴

汽车修理产品

在汽车修理工作中，车身填料用于修复钢板，这通常是含有惰性化合物的聚酯树脂，例如碳酸钙。如果你只需要少量的填料，你可以随时将一些PA树脂与滑石粉混合，但这是一个昂贵的选择，因为它需要惊人数量的粉末才能将液体树脂转化为糊状物。

或者，第11章中提到的增强修补膏可以使用PA层压树脂和短切原丝毡的混合物制成。Trylon等公司同时销售碳酸钙和短切原丝毡。

注意："惰性"添加剂不会在化学活性中起作用。

配套产品

GRP产品专业制造商出售脱模蜡、液体脱模剂、色浆颜料、混合杯、玻璃纤维编织带,丙酮清洁剂、护肤霜等配套产品。你也可以按照第152页的技术贴中的说明购买惰性填料。

案例

制作GRP盖以隐藏铝制雨水槽

这是一种装饰改造而不是结构改进。U形铝制雨水槽是从DIY超市购买的,并安装在掀背门的上部,以便将雨水从开口处导出。用缎面黑色GRP盖覆盖雨水槽,改善了其外观并与相邻的Seitz S4窗口的框架相匹配。

1. 购买黑色颜料膏并混合到胶衣树脂中。小心! 这可以在任何地方留下痕迹。你只需要填加6%的颜料膏,它是所有颜色中最密集的颜色之一。

2. 使用窄长的塑料面刨花板制造简单的模制件。沿着边缘固定的是从 DIY 超市购买的一段白色塑料角模制件。

3. 从模具中取出时,需要在模制件的表面上进行大量的边缘修整工作,使之成型并打磨。特别是必须用砂纸除去塑料角留下的脊。

4. 用柔软的湿纸巾擦拭表面使其顺滑,最后,用牙膏打磨出亚光饰面。使用Sikaflex 512 密封剂和两端的螺钉将盖子固定到雨水槽的上部。

制作GRP储物柜盖

当Mystique自建房车需要带有凸缘的大型储物柜盖时,可以使用从DIY超市购买的塑料层压刨花板制作一个简单的模具。

注意: 必须在盖子的底部留下足够的空间,以便需要打开时可以让它避开凸缘。

1. 锁扣盖的表面必须是平的,这就意味着它可以使用闪亮的面板制作。进行测量,在完成的盖子周围留下合适的间隙。

2. 必须"逆向"制造模具,并将边缘对齐。用角尺检查角落,用报纸做成模板以准确地切割 CSM。

3. 在开始之前裁切所有 CSM 是值得的。使用木工刀准备凸缘所需的条带。盖子用三层 300g 的 CSM 制成。

4. 虽然塑料层压刨花板的表面相当光亮,但它还需要涂上几层脱模蜡。这确保了模制件不会粘在模具上造成不可挽回的损失。

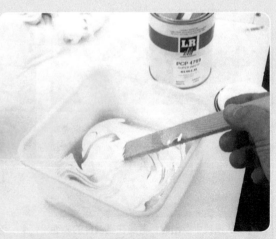

5. 将白色颜料混入胶衣树脂中,并且根据经验,这种颜色有时看起来不均匀,因此,将其以 10%的比例加入胶衣树脂中。

6. 一旦将催化剂以 2% 的比例（重量）加入混合物中，就要彻底搅拌胶衣树脂，然后立即刷涂，以在整个模具上获得厚涂层。

7. 完成该工作所需的层压树脂混合物中添加 2% 的白色颜料和 2% 的催化剂。为避免产生气泡，请注意将 CSM 紧密地放入边角的位置。

8. 滚筒起着重要作用，并用于所有三层 CSM。滚轧有助于浸渍垫子内的树脂，并确保直的玻璃纤维束实现卷曲的形状。

9. 在层压树脂仍处于绿色阶段时，用刀修剪边缘，之后保持固化约 36 小时。使用小木楔可以脱开模具，防止损伤。

10. 将锐利的边缘修圆，然后使用临时垫片将盖子定位在孔中。从 Albert Jagger 购买的 Centaflex 顶部铰链在第 126 页有图示。

善用木制品

车内装修将涉及以前可能没有用到过的木工技术。

公路车辆的建造跟房屋的建造不同。房车的家具需要坚固,但不能太重。贴面刨花板和大型中密度板经常用于室内装修,但因太重而不适用于房车。第10章中讲述了可替代材料,包括3mm胶合板,用于装饰表面,很明亮。结构方面,可以考虑 Vöhringer 15mm胶合板。这种板材双面可用,可选性强,并且比刨花板轻得多。但是车内装修时,减重真的那么重要吗?

坦白地说,的确很重要。第6章提出房车要符合最大技术允许满载重量。因为这个重量限制,决定了哪些物品可以带,哪些不可以带。也就是说车内装修家具越轻,能够带的个人装备就越多。针对这个问题,本章就提出各种各样的策略,来创造好用的家具且不增加不必要的重量。

工具

很多改装房车的人会问,改装房车需要哪些工具呢?事实上,尽管第8章讲到改装大众T5房车需要的工具,我们也不可能列出一个明确的"必要工具"标准清单。

除了钉枪、电钻和刨槽机,其他具体的项目都是用一系列手工工具来完成的,只有安装窗户时,才会有必要借用一些额外的G形夹。

当房车需要进行改装时,如进行 Starcraft项目和Mystigue项目的时候,可以选择更多的电动工具来加快速度,从而达到更准确的效果。作者认为其中最有用的一个工具是圆锯,具有切割硬木和软木的刀片,处理得平滑光洁。它可以处理像修剪条一样的单层板,还可以从厚度15mm的狭长木板上削去木材来做塑料层压板的薄边。好的锯床,能将木材的棱角切得很精准,切割成精确的尺寸。它还可以形成沟槽和复杂的接点。

另外一个有用的工具是刨槽机,第8章介绍的装饰柜橱时也用到这一工具。当需要配合适当的零件,在木板上形成狭窄的凹槽以接收塑料边缘的推压舌时,这个工具的作用就更加明显了。下面就举个例子。

尽管用便携式工具,如锯条和木工刨

右图:Vöhringer 15mm 胶合板可提供各种饰面。

最右图:来自 Coronet Consort 公司的圆锯可以进行精密加工,其经常出售二手机型。

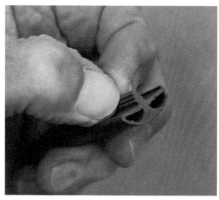

最左图：许多 DIY 爱好者自己的工具包括线锯机、砂纸和装订机等。

左图：一些带有推压舌的镶边，必须紧紧地固定在一个狭窄的凹槽里。

等手工工具能够独立完成大部分的项目，如古埃及金字塔的建造，但是如果购买电动工具并安全地使用，即使没有众多帮手，效率也会大大提升。

薄胶合板的运用

也许3mm胶合板最重要的特性就是重量可以忽略不计，它的设计类似木材，有着白色平整光滑的表面，很有质感。当需要安装在弯曲表面的时候，灵活性是它的优点；需要做棚架时，就暴露了缺点，它的弯曲承重量很小。

然而，有一个补救办法，这就是在背面准备一个薄胶合板的小架子。你所需要的是一个加固带，称为"镶边"。贴片规格为25mmx6mm，准备3mm的沟槽。这可以用圆锯或刨槽机来实现。

对3mm厚的胶合板进行曲面切割的是很常见的竖锯，但是要想切割得笔直，要使用装有锋利刀片的木工刀配合金属直尺，这样边缘会更美观精准。

门和抽屉面板的轻量化

为了减重，许多橱柜和抽屉的面板都是空心的。事实上，富余的空心门是为了Starcraft项目购买的，当然其中一些必须减小尺寸，但是，在不影响它们的轻量化结构基础上很容易被修改。例如下面介绍的案例中，用两个面板和软木垫片的方式来建造空心门是同样可行的。要防止

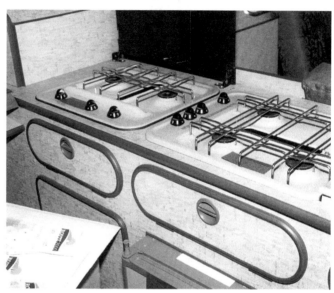

上图：在这家经销商的展示中，灵活的塑料镶边被安装在工作台面和抽屉面板上。

左图：弯曲的表面切割凹槽通常是通过刨槽机完成的。

左图：支撑条有助于防止长门弯曲变形，这是通过在它的塑料层压板上添加螺钉完成的。

用薄胶合板准备一个小架子

1. 这款胶合板用在房车内部不仅非常轻，而且只有 3mm 厚。

2. 用木工刀和金属直尺是最好的切割方法。

3. 为了防止材料弯曲，每段木套筒都准备了一个 3mm 的槽。

4. 有凹槽的套筒垫被粘在架子的前面以防止下垂；架子的背面用螺钉固定在墙板上。

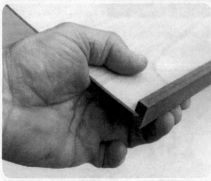

备注：

- 这种技术可以让你为橱柜做个小架子。
- 如果盖子的宽度能够覆盖到胶合板的厚度，那么当你在路上开车时，支架就可以防止物品从架子上滑落。
- 如果你需要更大的架子，有足够的硬度来携带书籍之类的物品，你可以建造一个双层胶合板结构。如果你需要隐藏电缆，小片的木材可用来填充 3mm 胶合板中间的空隙。

这个简易书架装在长凳上方，使用了两层 3mm 厚度的胶合板和 15mm 厚的胶合板，配以 3mm 的凹槽，以保证正面的强度和支撑力。

像这样的定向阅读灯被安装在架子下面，两层胶合板之间的空隙足以容纳灯具和电缆。

长门板(空心或实心)变形, 所需要做的就是增加一个长支撑条, 如第157页的图片所示。

建造家具框架

建造大件家具有两种不同的方式。厢式车改装通常使用第一种方法, 即将这些组件在车间中制造, 然后安装在车辆中。第二种策略可以节省更多的重量, 这些结构件必须在起居室内组装。虽然对于DIY改装者来说这很好, 但它不适合制造商采用的快速生产线方法。

在构造橱柜、厨房组件等的外壳时, 板的边缘将需要某种形式的封盖。在本章开头提到的一种方法涉及安装柔性塑料装饰。另一种方法, 在介绍抽屉面板处理

改装空心抽屉面板

1. 这个抽屉的面板通过圆锯切割, 露出它中空的内部。

2. 一个 19mm 厚的木板被切成精确的厚度, 插入空心中, 然后用 G 形夹把它固定。

3. 边缘可以用胶合板进行整理, 但是为了边缘更坚固, 可以用锯床上切下的薄硬木。

4. 在手摇钻中使用大头针来打孔, 并用来固定。

备注:

- 大头针比镶板纤细得多, 而且在锤打时很容易弯曲。但是其留下的针头几乎看不见。
- 钻大的孔可能导致薄层被劈开, 而钻小的孔更有利。
- 要找到一个足够细的钻头是很困难的, 而且这些钻头也会容易断裂。
- 这就是为什么要用一个大头针作为临时的钻头了, 用钳子把它的头夹下来, 这样它就可以很好地实现固定功能了。当钻出洞时, 针不可避免地会变热, 要保持手钻的转动速度, 不要太用力。

对比不同类型的家具组装

一个快速组装的方法是使用 15mm 厚度的胶合板, 形体很结实, 但相当重。

第 8 章讲述的大众房车的厨房使用橡树表层的 13mm 厚的胶合板。

这是一个紧凑、节省空间的衣橱的上部。重要的是, 它是在原地建造的轻巧而结实的框架。

该橱柜单元用 3mm 厚的胶合板覆盖预制的框架和填充层。

为了进一步减轻重量, 另一种方法是在原位构建一个轻型的支柱框架, 然后再用3mm厚度胶合板将其包裹起来。

建造高橱柜

在Mystique项目里，在入口门附近的头部高度处建造了一个熔丝盒。在这里建一个橱柜把它挡住并提供额外的存储空间似乎是合乎逻辑的设计。

很明显，这个橱柜需要一个弯曲的侧面来防止人们上车时撞破头，还需要一个滑动门。

在这里不能安装一个传统的顶部铰链柜门，因为它会撞到旁边的顶部链门。在房车上，相邻的柜门常常会撞到对方，而滑动门就能解决这一问题，就像现在这种情况。

这个新橱柜就是用已经介绍过的技术就地建造的。

注意：
- 像这样在原地建造橱柜是很耗时的。要将熔丝盒包起来，在它周围做一个橱柜，用架子把它装起来，然后把两扇门装好。

- 当弯曲3mm厚度的胶合板时，检查它弯曲的方向。必须确保一个柔和的曲线，但是在框架的支撑帮助下，用三天的时间完成分阶段弯曲。

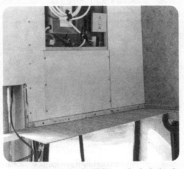

1. 第一个任务是把一个木条钉在墙上以支撑基础。为了减重，底座采用了白面3mm厚的胶合板。

2. 之前曾说过，3mm厚度的胶合板可以弯成曲面。在这里，需要建立了一个框架来支持弯曲的面板。

3. 弯曲框架的顶部被拧到天花板支柱上；这个框架有益于支撑胶合板基础。

4. 然后，用15mm厚的胶合板作为橱柜的前部结构件。

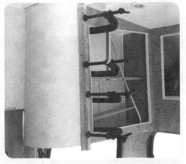

5. 在三天的时间里，框架周围的胶合板分阶段弯曲。然后用Sikaflex-512胶固定在墙壁和框架上。

6. 门的底部凹槽是用圆锯处理的，用面朝上的15mm胶合板。

7. 两扇推拉门由6mm厚的胶合板制成，两面都粘有塑料面板。

8. 安装完成，注意靠近入口门的弯曲面和滑动门。

的插图中示出,使用硬木切割,然后固定在边缘上。在大众T5项目中使用的第三种方法则采用了家用熨斗,使装饰条预先黏合。

交汇点

板与板交汇的地方总是会有挑战。如果你处理了几十个相邻的板子并且不断修剪边缘,你最终会得到一个令你印象深刻又合适的结果。然后沿着崎岖不平的道路行驶,你可以为自己制造的紧密的连接配合而感到自豪。

在前面描述的星际争霸项目中,遇到面板的连接点经常被精心修剪的硬木圆角所覆盖。这些圆角适合车内的"木质"外观,但Mystique车型上需要不同的东西。总共采用了三种不同的技术。

在天花板上,相邻的白色胶合板之间的长边被房车制造商经常使用的塑料装饰条覆盖。小型制造商经常将这些互锁配件出售给DIY改装者,其由两部分组成。第一个塑料长条覆盖连接处并用螺钉固定。然后将其盖片仅夹在顶部以隐藏螺钉的头部。这对于天花板来说很好,但这些装饰条看起来不会用在墙上。

因此,让我们考虑另一种策略,就是前面提到的高橱柜的弯曲侧板如何与它靠墙的位置整齐地配合。

首先,准备橱柜的侧板以实现合理的配合,认识到白色黏合密封剂随后会掩盖连接处与墙壁之间的任何缺陷。

初步任务是将25mm宽的遮蔽胶带沿着面板的边缘进行粘贴。

注意:有时,在开始安装之前应用遮蔽胶带会更容易。显然,胶带也可以在以后添加,但是如果你在狭窄的空间中工作,则可能更难将边缘拉直。

当安装侧板时,是时候掩盖不可避免的空隙了。尽管在两条胶带之间有一个狭

预先黏合装饰条的应用

1. 一卷预先黏合的橡木饰面装饰条经过精心切割。

2. 在使用家用熨斗帮助黏合的同时夹紧面板。

3. 用工具的圆轴对装饰条施加压力。

4. 将废料部分用锋利的切割刀片切除。

5. 如果你的工具够锋利,多余的装饰条很容易被移除。

6. 最后整理是用柔软的砂纸完成的。

窄的空间用来露出连接点,这也需要在墙壁上安装另一条遮蔽胶带。

然后沿着两条胶带之间的连接处注入一些Sikaflex-252密封胶。以下操作应该戴着薄薄的橡胶手套,但许多人会用手指涂唾沫。在注入密封胶之后,将其压入板之间几乎不可辨别的缝隙中。这将需要

左图:如果你打算在连接处添加密封剂,则有助于在最终安装之前将遮蔽胶带应用于面板。

按几次，你需要一个一次性的毛巾擦手。大部分密封胶最终都会粘在遮蔽胶带上，但这是不可避免的，在密封胶开始固化之前，将胶带剥离并放入垃圾箱中。结果当然是令人愉快的。

第三种策略用于其他交叉点，涉及使用一种塑料翼管。这些柔性边饰可以从像Woolies这样的供应商处购买，白色和灰色的翼管也用于作者的其他项目。

要在相邻面板之间形成一个整齐的连接，首先将翼管的平面粘在面板边缘，然后等待它固化。当你随后将相邻的板放置到翼管边缘时，两个面板可能不会紧密对齐，但这是由翼管本身造成的错觉。旁

右图：塑料翼管配件有各种用途，可从Woolies等供应商处获得。

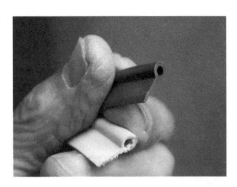

右图：相邻面板不能紧密对齐的事实可以巧妙地用翼管进行伪装。

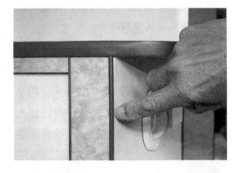

右图：在DIY超市中销售的塑料包边条也可以在面板彼此邻接的地方使用。

边的图片显示了结果。

熟练的工匠会说这是作弊，这当然是。另一种作弊方式是使用DIY超市出售的薄塑料包边条来覆盖连接处。但是，如果你过分依赖这些塑料配件，结果可能看起来很不专业。

自组装抽屉

继续"作弊"的话题，Woodfit销售坚固的自组装钢制抽屉侧壁。可以说它们有点沉重，但抽屉上有办公文件柜使用的滚轮滑轨，这意味着它们很容易被拆除。Woodfit还出售单独的滚轮滑轨，因此你可以将它们安装在你自己制作的木制抽屉上。

能够移除抽屉是非常有用的。例如，它可以方便地接上清水管接头、污水管、燃气接头和电气元件等物品。此外，在房车厨房里装满食物的最佳方法之一是安装易于拆卸且可搬进你的房屋的抽屉。

然后就是垃圾箱。英国制造的房车的许多厨房都没有配备垃圾箱，这是一个特点。在过去，车主不得不在烤箱的把手上悬挂一个塑料袋，这很难说是最先进的厨房设计。

在一个精心设计的厨房里，所需要的只是一个坚实的垃圾箱，有足够的容量来容纳一些用过的茶包和一个空的罐头瓶。这不是什么复杂的设计，但是却曾经打败许多英国设计师。在德国，尽管一些房车设计可以说是过分夸大，根据垃圾分类原则安装了三个不同颜色的垃圾箱，但至少提供垃圾箱已经成为标准做法很多年了。

提供不显眼的垃圾箱的一种方法是在Woodfit抽屉中安装合适的容器。

定制橱柜门

虽然自制的星际争霸房车在内部具有

自组装钢制抽屉

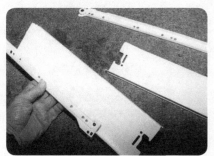

Woodfit 目录中的自组装抽屉有各种材料、颜色和尺寸可供选择。

该装置由涂漆钢制成，包括带内置滑轨的侧壁。你可以自制面板、后板和底板。

可拆卸抽屉下方是簸箕和扫帚的存放空间。在后面容纳厨房水槽的所有管道。

可取出的塑料垃圾箱安装在抽屉的前部。寻找矩形产品需要时间，但它确实符合设计师的意图。

"木质"外观，但在Mystique项目中需要更令人轻松的氛围。因此，橱柜门和抽屉面板选择了一种微妙的颜色，所有这些都需要专门定制。

在某种程度上，这是一个愚蠢的想法，因为这花了一整天才完成一扇门，又花了一天时间来安装卡子、铰链和锁定支架。尽管如此，如果你坚持用薄荷绿色调的抽屉，这就是你必须要做的。

这些是使用9mm中密度纤维板(MDF)制成的。有人提出，MDF产生的粉尘具有致癌性，因此需要采取预防措施，在切割和刨平面板时戴上适当的面罩，并尝试在户外进行，以便迅速扩散粉尘。

考虑到减轻重量的需要，MDF不是最好的材料选择，尽管它已被用于安装在一些英国本土制造的房车和几个德国车型的橱柜前面。考虑到重量问题，购买了9mmMDF板，这意味着还需要把手和铰链的套装件。选择的把手实际上是用于较厚的面板。

如果你喜欢使用你选择的彩色塑料层压板制作面板的想法，请确保你在反面上安装平衡的层压板。像大多数橱柜制造商一样，这里展示的那些在背面黏合了白色层压板。

在两个面上对称安装的原因是为了实现面板的稳定性。如果仅将层压材料施加到一个面上，则由于纤维木材和饰面塑料的不同膨胀程度，通常会导致面板弯曲。

定制抽屉和橱柜面板

1. 在户外，将 MDF 放在一对支架上进行切割。驾驶室上方的储物柜需要这扇门。

2. 在其一面涂上黏合剂，层压板也是如此。固定后，切掉多余的层压板。

3. 当两侧都用层压板覆盖并修剪成合适尺寸后，将板遮盖，准备喷涂边缘。

4. 注意背面上的支撑杆。在添加塑料贴面之前，将它们从前侧拧紧。

5. 购买了一个适合把手尺寸的孔锯。将门紧紧地夹住并钻孔。

6. 把手套件购自一家小型改装公司，安装这些配件是一项耗时的操作。

7. 将折叠支撑杆安装在门的后部，以便可以在面板中使用更长的螺钉。

8. 厨房的抽屉、炉灶的控制面板和烤箱柜的盖子都是用类似的面板做的。

施工注意事项：

- 门和抽屉的面板是面朝上安装的，而不是切割成大小正好安在一个孔内。因为它们在开口周围重叠，所以要贴紧，不要有松动。

- 黏合剂是从厨房用品商店那里购买的，也提供了Warerite塑料层压板。用刷子涂覆黏合剂并保持至表面接触干燥。

- 在MDF面板周围多次通过带有锋利刀片的木工刀将多余的塑料切掉；用砂纸覆盖的软木块整理边缘。

- MDF的切边非常吸水。涂上三层汽车底漆，然后涂上四层罗孚飓风灰。罗孚飓风灰与塑料把手及其他灰色配件能够完美匹配。

- 当一个孔锯穿过木头时，它会严重撕裂后表面的一部分。为了避免这种情况，前端被一些旧废料背板牢固地压紧，这样穿透钻头就会损坏废料。

- 支撑杆总是难以安装在正确的位置，并且很容易把错。在开始钻孔之前考虑一下它们的预期操作动作。

- 在主厨房单元上安装了按钮式把手，这在当时很受欢迎。然而，花了很长时间才找到一个提供深灰色产品的供应商。

开放式存储

在许多房车中，需要一些小的存储空间，使物品易于放置并且不需要门或盖子就可以放进去。在Mystique项目的GRP模压马桶隔间顶部需要制作一个这样的结构，但它必须重量轻。

完成的结构是令人愉悦的刚性结构，看起来不像是使用3mm厚的材料制作的。

注意：

- 如果你无法抓住刨槽机来切割槽以接受灵活的边缘修剪，那么在角落处创建

建立开放式存储设施

1. 这是成品的样子。由于货架的底座远低于两个开口的高度，旅行时不会有任何问题。

2. 面板为3mm厚，但使用Evo-Stik木材黏合剂在孔周围添加软木框架。

3. 购买了一台电动刨槽机，它能切割出足够窄的凹槽，以抓住边条的附件。

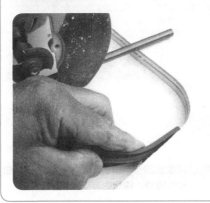

4. 制作曲线槽显然需要一个刨槽机；当凹槽完成时，将边条简单地推入槽中。

右图：白天的时候可以把床收起来，这样就有了空间宽敞的休息区。

右图：在晚上，把床放下来不到10秒钟。床的长度和车的宽度差不多。这意味着睡在床里面的人不得不翻过另一个人，然后才能通过梯子离开。

建造主床

　　Mystique主床的要求特别苛刻。以下这些就是具体的要求：

- 配有整张床垫的双人床。有的房车会使用奇形怪状的泡沫块拼装成床垫，有时会有多达六七块，这可能会在各个部分之间留下空隙，睡着不舒服。

- 永久性组装床。但它不会是固定的，占据了白天所需的大部分生活空间。

- 床具有非凡的舒适性，可在几秒钟内完成设置，生活区域不会发生太大变化。最终的设计是休息区上方的铰链式下拉式床。顺便说一句，休息区因其大型掀背门而成为微型车辆或两辆小型摩托车的潜在运输区域。

　　双人床上的板条系统使用从Natural床垫公司购买的部件。箱体框架采用Vöhringer

1. 弧形山毛榉板条是层压件，用于增加强度，并进行成对组装。在这个项目中，每个板条都必须缩短。

2. 每对板条保留在两条长橡胶带中，这些确保组件保持相同的距离。

3. 该系统的一个聪明做法是弹性不仅仅由板条提供，端盖也有很大作用。

4. 两张床板用于双人床，但是当添加床垫时，几乎感觉不到中心有一个交接点。

15mm胶合板制成的简单结构，铝制U形截面的中央脊柱，以及围绕周边的灰色边缘装饰。当施工开始时，从Albert Jagger购买的坚固铰链安装在框架铰接侧的长侧板上。 为了便于提升动作，从Metrol Springs购买了一对气压撑杆。 建造安全轨道的计划没有实现。 结果发现，如果乘客偏离边缘附近，即使在人睡着时，框架的突出侧面也会发出适当的警告。

　　"床箱"的尺寸是专门为了主人而制作的。

箱形截面的深度: 185mm，不包括边缘饰边

宽度（外部测量）: 1320mm

长度（外部测量）: 1730mm

延长长度以增加枕头面积: 100mm

床的总长度: 1830mm

最左图：当床被降下时，休息区的头部空间很大，但下面的长椅也可以转换成为两个成人长度的单人床，以备偶尔有客人借宿。

1. 在每个角落使用钢支架将四个主侧面用螺栓固定在一起，它由横向胶合板构件支撑在一起。

2. 中央脊柱由倒置的 U 形铝管组成，用黏合密封剂黏合的松木板条围起来。

3. 设计的支撑块附件用于在床降下时提供支撑。该支撑块后来用塑料层压板包覆并涂成灰色。

4. 当添加山毛榉板条时，这是在添加表层地毯之前从下面看到的样子。

上图：在床垫下使用橡胶椰壳衬垫，以防止在夜间受潮。

孔径方面没有任何问题。然后可以使用边条来盖住暴露的边缘。

- 在这个项目中，重要的是要确定软木框架的确切厚度。当添加到胶合板的深度（3mm）时，切口的总厚度必须与塑料包边条的覆盖能力相匹配，其为17mm。因此，考虑到胶合板连接的宽度，软木框架的厚度小于14mm。

床垫受潮问题

这是一个众所周知的问题。床垫放在胶合板框架或桌面上，在除了炎热的夏季之外的所有情况下，床垫的下面在经过夜晚之后都会有受潮的现象。

经过长假，床垫下受潮的问题可导致床架变形和床垫衬里的变色。这肯定是一件令人讨厌的事。

推出衬垫促进空气循环通常可防止受潮现象的发生。一些船舶配件供应商提供了几种产品，但是房车配件店出售的衬垫很少。此处展示的产品由椰壳纤维制成，其上涂有橡胶处理剂，可以从Natural 床垫公司买到它。

床体支撑系统

如果使用以下系统之一来建造床，则不会出现床垫受潮的问题：

- Froli系统将柔性塑料菱形组件安装在坚固的底座上。可以改变彩色插入物以使支撑物变硬或变软，并且如果需要的话，可以改变床的特定区域以适应用户的需要。空气能够在下面自由循环，以防止受潮。
- 来自Lattoflex的CarWinx系统采用塑料柔性交叉导轨制成，搭配床垫支撑盘。该产品在德国的一些房车产品中有安装，包括La Strada车型。
- 在英国，弧形板条系统更容易获取，比如Woodfit就有出售。Mystique项目的主床采用的层压山毛榉板条是从Natural公司购买的，并且制作了可容纳它们的床框架。

其他项目

餐具和罐头食品的储存可以通过两种方式之一来做。你可以购买房车制造商经常使用的塑料涂层托架，也可以自己构建存储装置。无论哪种方式，当你开车时，你都不希望盘子和杯子相互碰撞。两个不同的解决方案一起显示。

关于餐具，浅抽屉通常可以设计成占

上图：Froli 床垫系统通过更换塑料支架中的中心插件提供可调节的舒适度。

右图：CarWinx 床体支撑系统安装在许多德国制造的房车上，就像这款 La Strada 的车型一样。

上图：星际争霸项目的露营车内置的托架设计使得盘子、杯子和碟子在行车过程中不会相互撞击。

左图：这样的固定装置可确保在车辆行驶时这些碗碟不会发出"嘎嘎"声。

左图：创新的垂直滑出式抽屉安装在冰箱旁边，为罐头食品提供储存空间。

据冰箱上方的狭窄间隙。在这里的插图中，购买了一个预制的托盘，配有餐具，然后围绕它建立了一个抽屉。

餐具抽屉的问题在于，有时你将它们拉出太多，于是里面的东西就会掉在地板上。然而，这个问题可以通过加装限位装置解决，此功能在旁边的图片中有显示。

餐具抽屉施工注意事项：

- 抽屉必须与冰箱保持独立，定期需要将其拆下进行维修。这促使了不寻常的配合程序。抽屉、长滑轨和带槽导轨组装成一个操作单元。然后，将Sikaflex-512密封胶应用于带槽导轨的顶面，并将整个组件暂时楔入GRP板的下侧。24小时后，黏合完成，安装的抽屉单元完全悬挂在GRP板的下面。剩下的就是装饰抽屉面板和推入式把手。

- 沿着餐具抽屉的木制滑轮上搓蜡烛的技巧使得该装置能非常轻松地滑动。如果在车辆上路之前没有固定推入式锁扣，则会给用户带来麻烦。

上图：限位装置防止餐具抽屉不会滑出，它填满了冰箱上方的狭窄间隙。

左图：使用蜡烛油脂使木制滑轮滑动更顺畅，还要安装锁扣，使短抽屉不会意外脱落。

电力系统

给房车布线可能会很复杂,许多房车自建者会将这一任务委托给有资质的电工。

与家里的电力系统不同,房车比较特别的是以电力供应有车内蓄电池供电和车外外接电源供电。

让我们从重要的安全建议开始。涉及230V交流电源的事故可能导致死亡。相反,12V直流电不能电死人,但如果电路短路,就会导致火灾。这就是为什么所有不熟悉电学理论和实践的人都应该把改装项目的这一部分委托给有适当资格的人。房车布线十分复杂,但一个有足够经验的电工足以应付,他能安装12V直流线路,同样,也能安装230V交流线路。

然而,安装230V电源的人需要认识到,在房车配线时所采用的做法与家里的略有不同。例如,在房车中,使用柔性的三芯电缆是很重要的,中性线和地线由大量铜丝组成。相反,房屋里的供电电路通常使用三芯平电缆,导线是铜线的实线。这种类型的电缆不应用于房车,在技术贴里有相关说明。

下图:给房车布线可能会很复杂,许多房车自建者会将这一任务委托给有资质的电工。

系统

房车的线路可能看起来很复杂,因为

有不同的系统。尽管这些系统之间会有某种交叉,但在大多数情况下,它们仍然是独立的。

主电源230V交流系统

它可以在房车营地使用外接电线连接。230V电源将运行主控蓄电池充电器和主电源照明。此外,吸收式冰箱可以运行在230V电源中,几乎所有制冷空调设备都需要230V电源供应。

12V直流电源

车辆本身都具备12V系统,但它通常需要调整,以扩大其功能,以在起居室内运行某些12V电器。

例如:

■ 压缩机冰箱可以使用12V电源,该电源是由基础车辆的发电机提供的(见第177页的线路图)。

■ 汽车的发电机可以给休闲蓄电池运行的12V电器供电,同时也为车辆起动蓄电池供电。

■ 如果休闲蓄电池完全放电,通常可以将车辆蓄电池切换为生活空间中提供12V

技术贴

为什么要用柔性电缆?

多根铜丝制成的柔性电缆被用于房车上,因为它在插接器中可获得更好的固定效果。其中一个例子是电源插座等类型的插接器。如果使用粗的单股铜线的电缆,那么在普通道路上行驶时所经历的不可避免的颠簸更有可能会造成插接器松动。

的电源,作为一项临时举措。

休闲蓄电池的12V直流电源

该电源,通常匹配柔性电缆,其电源主要来自休闲蓄电池。但是,它也与230V交流电源连接,从而运行蓄电池充电器以休闲蓄电池充电。这款充电器也像变压器/整流器一样,因为它不仅可以为休闲蓄电池充电,还可以同时为12V电器供电。但是,应该总是在电路内连接一个休闲蓄电池,这是因为蓄电池可以消除充电器输出中的不稳定性。输出不稳定可能会损坏某些类型的电子控制元件。

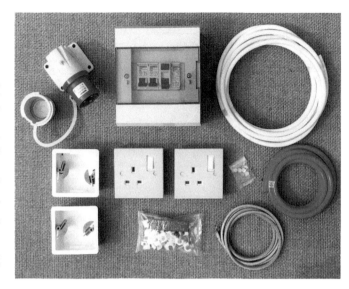

产品和使用程序

要了解有关房车电力的更多信息,请参阅《房车手册》(第3版)中的内容,它涵盖了主电源和12V电源系统,并提供有关产品信息、基本理论问题、蓄电池性能以及露营地电力安全使用的建议。相比之下,本章的侧重点是更具体地介绍改装问题。

安装主电源系统

为确保获得正确的组件,强烈建议你购买电源安装套件。这些可从房车配件商店购买。 Powerpart等品牌的套件是公认的好产品。

但是,有些套件没有可以安装在车辆外部的外部连接插座,在购买时需要注意。同样,你通常还需要购买经认证的连接电缆,这样可以在房车营地的外接电源和房车上的车外插座之间建立连接。请记住,你必须购买专为符合英国标准/欧洲标准的房车而设计的产品。

你需要的材料

你将需要以下材料:

- 经认证的电缆,长度不超过25m,用于连接插座。这应符合BS EN 60309-2

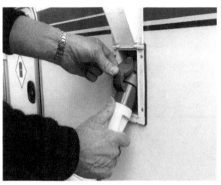

上图:为了适应电源系统,最好从 W4 配件公司购买这样的套件。请仔细按照套件中的所有说明进行操作。

左图:需要安装经认可的车外插座,以连接房车的主电源系统。

标准,包括三个柔性线芯,横截面积为2.5mm^2。 连接方式为:带电(正极:棕色绝缘外皮),中性(负极:蓝色绝缘外皮)和接地(黄色和绿色绝缘外皮)。

- 房车外壁的输入插座,符合BS EN 60309-2标准。

技术贴

测试程序

在投入使用之前,230V交流电安装必须由合格的电工进行测试,该电工应提供签名并注明日期的证书,确认其符合最新的IEE规定。 请联系以下人员:英国国家电气安装承包检验委员会(NIC-EIC)的批准承包商或电气承包商协会(ECA)或苏格兰电气承包商协会(ECAS)的成员。 这些协会可以提供距离你最近的核准检查员的联系地址。

右图：该配电盒左侧有两个 MCB，蓝色 RCD 隔离开关位于右侧，顶部有一个白色测试按钮。

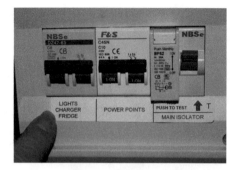

右图：来自配电盒的接地电缆必须固定在机箱上，并用警告标签标识。

右图：带有警告标签的另一根接地电缆必须连接到铜制燃气供应管。

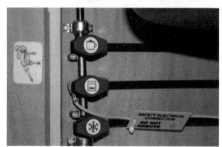

- 短的$2.5mm^2$柔性三芯电缆，用于将输入插座接收的电源传导至配电盒。其规格与上述连接电缆的规格相同。

  配电盒配有双极开关剩余电流装置（RCD）、微型断路器（MCB）和测试按钮。通常，一个MCB分配用于冰箱、充电器和灯具等设备；另一个MCB保护其他13A插座。在拥有更多电器的大型房车上，

右图：应从电气供应商处购买极性和故障测试仪。

有时会在配电盒中安装三个MCB。

- 覆盖有绿色和黄色护套的接地电缆，其一端必须连接到配电盒中的接地柱上，另一端贴上警告标签后固定在底盘上。铜制燃气管也必须接地并贴上标签。

- 长的$1.5mm^2$柔性电缆将从配电盒接出，以便为13A插座供电。

- 对于13A插座，双极开关插座是首选，但并不总是容易获得。

- 极性测试仪，用于插入其中一个插座以检查现场供电情况。有关露营地安全用电程序的信息，请参阅《房车手册》（第3版），并且现场接待处通常提供免费安全传单。

- 使用电缆夹。如果电缆是表面安装，夹

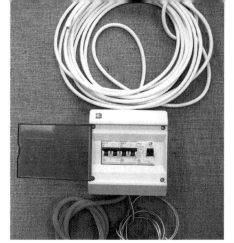
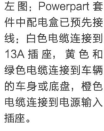

左图：Powerpart 套件中配电盒已预先接线：白色电缆连接到 13A 插座，黄色和绿色电缆连接到车辆的车身或底盘，橙色电缆连接到电源输入插座。

技术贴

安装提示

对于13A插座或3mm胶合板上的配电盒，可能无法实现足够坚固的安装。但是，你可以使用Evo-Stik等黏合剂将一块9mm（或更厚）的板粘到原来薄的板材上以加强其结构。如果你将物品安装在橱柜的薄板上，请将额外的层粘在内侧，或者，将其切割到配电盒的确切尺寸，这样它就不显眼了。在加厚的面板中可以实现更好的固定。

左图：虽然 Powerpart 配电盒已预接线，但你必须卸下其盖子才能固定底座。

子的安装间隔不应超过250mm(水平方向)和400mm(垂直方向)。

安装

通过使用套件，你所要做的就是安装输入插座，安装配电盒和13A插座，将电缆固定在不同的位置并进行最终连接。如果你购买了Powerpart套件，则输入、输出和接地电缆已在配电盒中预先连接。你必须拆下盖子才能将底座拧到板上。你必须执行的任务是将橙色电缆连接到外墙上的输入插座，使用白色电缆连接每个13A插座并将绿色和黄色接地电缆（带警告标签）连接到底盘。

左图：在这辆大众露营车中，家具足够坚固，可以直接安装插座。在使用 3mm 厚的面板的情况下，需要增加额外层以形成更坚固的底座。

安装12V直流电源系统

有许多产品使用12V电源，以下列出了组装典型供电系统时所需的项目：

- 强烈建议使用数字万用表，尽管它是一种简单的测试设备，但很有用。

- 休闲蓄电池。
- 主开关。
- 带状态显示的蓄电池电源开关。
- 蓄电池充电器。
- 继电器。
- 带熔断器的配电板。
- 电缆、夹子和插接器。
- 直插式熔丝座和熔丝。

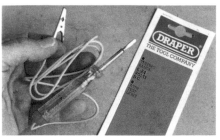

最左图和左图：尽管万用表是一种简单的测试设备，但安装12V系统时它很有用。

产品的功能

让我们从一个简单的例子开始吧。如果你只是想安装一个12V的荧光灯，你可以安装一个休闲蓄电池，并将一个直插式5A熔丝连接到其正极端子附近；然后用两根1.0mm²的汽车电缆连接到灯泡单元。如果日后灯泡发生故障，或者电缆发生短路，熔丝会"烧断"。一旦熔丝发生故障，电流就会停止。使用这个简单的12V电路，我们要考虑更复杂的系统和关键部件的功能。

■ 休闲蓄电池

为了运行一个简单的12V的灯，最明智的做法是从单独的休闲蓄电池中获取所需的电力，而不是通过车辆的起动蓄电池获取电力。车辆蓄电池过放电的代价意味着

它可能没有足够的电力来起动发动机。此外，专用休闲蓄电池与起动蓄电池不同，其铅板具有特殊构造，以应对重载和重复充电的工况。

■ 休闲蓄电池熔丝

如果发生短路，熔丝有时会在发生故障时产生火花，并且未封闭的熔丝不应位于蓄电池附近，这是有充分理由的。当蓄电池接收高电压（14.4V或更高）时，它会释放具有爆炸性且轻于一般气体的气体（氢气和氧气的混合物）。因此毫不奇怪，如果熔丝因故障产生火花，则可以点燃气体，并且将蓄电池外壳炸开也不奇怪。

避免此问题的一种方法是将蓄电池安装在单独的通风外壳中，以便可以安全地排出气体；此外，尽管熔丝的安装应尽可能靠近正极端子，但最好是安装在外壳外面。另一种方法是通过特制的气密夹持器来安装蓄电池熔丝。

■ 定位控件

实际上，12V电路不仅仅是照明系统。因此，你需要列出要安装的所有12V直流设备的清单，并确定其安装位置。此外，要选择好休闲蓄电池、充电器和12V控制器放置的地方。这些最好安装在附近，以便连接电缆能尽可能短些。此外，强烈建议你在蓄电池正极端子的电缆上安装12V主开关。

■ 蓄电池充电器

你还需要安装蓄电池充电器（参见接线图），专供房车使用的蓄电池充电器通常最大输出电压为13.8V。这意味着蓄电池不会开始产生气体，你也可以在充电过程中运行12V设备，且不会对它们造成损坏。确实采用"分段式充电"可以使铅酸蓄电池更好地工作，其具有高达14.8V的

Mystique项目中的安装细节

230V配电盒、蓄电池充电器和180A·h休闲蓄电池安装在一个特殊的外壳中。还安装了一个固定的线鼓，便于230V连接电缆顺利穿过地板。

主控制开关连接到蓄电池的正极电缆。蓄电池上安装了滑动架以方便检查蓄电池。

在橱柜的下部、可移动搁架的正下方，熔丝通过气密夹持器被安装在蓄电池正极柱附近。

适用于180A·h休闲蓄电池的25A充电器已安装完毕，如果在充电时运行内部12V的设备，用户必须选择"供电模式"。

注意： 最初这辆厢式车配有两个90A·h蓄电池，现在它配备了更好的180A·h蓄电池。

最左图：蓄电池电源选择开关面板和蓄电池状态计可作为独立单元使用。或者，这些装置有时装置在带熔断器的配电板内。

左图：此蓄电池电源选择开关面板上的端子已清楚标记，因此可以轻松正确连接。

输出，然后在恢复时电压逐渐下降。采用"分段式"充电方式，会在早期阶段发生放气，这对于铅酸蓄电池是有利的，因为它可以防止在极板上形成硫酸盐。

　　另一方面，这种类型的蓄电池必须有一个排气口，以便将爆炸性气体安全地引导到外面。然而，最初的14.8V输出并不适合12V的设备，而这些设备经常会在充电过程中同时运行。事实上，12V的灯和其他设备很可能会在运行中失效。这就是为什么标准的房车充电器的最大输出限制为13.8V。

　　注意：如果使用胶体蓄电池或AGM蓄电池而不是铅酸蓄电池，制造商会在说明中建议将电压的上限严格规定为14.2~14.4V。

■ 蓄电池选择开关

　　你还需要一个开关设备，让你可以选择是从休闲蓄电池还是车辆起动蓄电池中获得12V电源还是完全关闭它。你可以购买紧凑型面板，它可以执行此功能，并且背面应清楚地标记其连接位置。然而，蓄电池选择开关通常安在包括熔断器的配电板中。

■ 带熔断器的配电装置

　　假设你想要运行各种12V设备，也需要一个带熔断器的配电装置。这些产品由蓄电池供电，然后将其引导到不同的分支，每个分支都有自己单独的熔丝。这种

技术贴

典型的熔丝限定值

制造商通常用于12V直流设备的熔丝是：

冰箱开关: 5A

冰箱供电: 15A

燃气热水器开关: 5A

燃气暖风机开关: 5A

收音机: 5A

Omnivent屋顶通风扇: 10A

水泵: 10A

安全警报: 5A

照明: 10A

其他辅助设备: 10A

休闲蓄电池带电终端: 15A

起动蓄电池带电终端: 15A

注意：在配备一系列12V电器的房车上休闲蓄电池通常额定电流为20A。

左下图：配电板有许多不同的设计。这个操作比某些电子版本更简单。

下图：这个带熔断器的配电板后部的接线柱已清楚标记。

右图：使用正确规格的电缆连接设备非常重要。你通常可以通过计算铜线（这里称为"细丝"）来确定其额定值。

安排使得查找故障变得更加容易。

销售给公众的部件通常在其背面的

接线柱上清楚地标记了所有连接线路。但是，如果你从房车配件商处购买，它可能有一个预连接的插头，通过房车专用布线，连接不同的设备，这使你可以找到哪条线连接哪个设备。

■ 电缆

重要的是，使用具有正确铜线规格的电缆连接所有部件，以适应所服务的设备。如果使用的电缆太细而无法用于高耗电设备，则会产生电阻，电缆会变热，在严重的情况下，绝缘层会开始熔化。如果将多根电源线捆在一起，可能会导致短路和其他严重问题。因此，请查看随附的表格，如果电缆上没有显示其额定值的标签，你可以通过仔细计算其铜线来解决这个问题。

房车的布线工程最困难的部分是以最短的路线运行且电缆应不可见。为实现这一目标，大多数工作必须在施工的早期阶段进行。虽然有很多方法可以实现这一

术语——伏特、安培和瓦特

一个实际的例子可以帮助初学者理解电力背后的理论。例如：

被快速移动的铅球击中可能非常不愉快。它可能很小，但它在撞击时施加的压力会造成伤害。然而，速度并不是一切。被一个慢得多的物体碰倒，比如被双层巴士碰倒可能会更糟，因为物体的大小开始起作用。现在把这两种元素结合起来，结果就会无限强大。以下这些文字和表格将有助于你理解伏特(V)、安培(A)和瓦特(W)之间的关系。

伏特——这是电压的单位。然而，在实际情况下，电缆提供的电阻可能导致电压的损失，特别是如果电缆太细。此外，电缆越长，电压下降的幅度就越大。

安培——这是电流的单位。实际上，一辆房车冰箱需要大量的电力才能正常工作(12V设置时需要8A)，并且需要一根相对较粗的连接线。相比之下，一个内部条状灯只需要少量的电力(0.7A)，并且使用更细的连接电缆就可以正常工作。

瓦特——这是功率的单位。它相当于使用电能的速度，有些电器比其他电器更贪婪。瓦特是伏特和安培的组合。需要记住的公式是：

瓦特=伏特x安培

伏特=瓦特÷安培

安培=瓦特÷伏特

型号	横截面积/mm²	最大电流额定值/A	在房车中的应用
14	1.0	8.75	室内灯
21	1.5	12.75	电线到排气风扇
28	2.0	17.50	给冰箱供电(最少)
36	2.5	21.75	通过充电器给蓄电池充电，给水泵供电

- 对于高耗电设备来说，太细的电缆可能会因为电缆的电阻而开始变热。如果温度上升开始导致绝缘皮熔化，就会出现一个严重的问题。例如，如果几根供电电缆缠绕在一起，熔化的绝缘皮可能导致短路。

- 低压电源不会有触电造成的威胁，但如果你见过电源短路时产生的强大火花，你就会体会到12V系统带来的严重火灾风险。绝缘皮熔化有时是短路的原因。电路中的熔断器是为了防止这种风险，但它们必须具有正确的额定值，并适当地设置在供电系统中。

上图：在大众露营车项目中进行布线，衬板是可拆卸的，这特别有用。

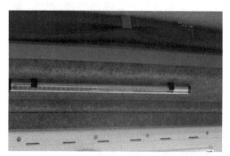

上图：供电电缆被隐藏起来，因此在厨房区域安装 NOVA Leisure 的 LED 灯管相对容易。

技术贴

近年来，电器制造商越来越意识到需要使用合适规格和长度的电缆。有些人甚至评价他们早先的建议，例如，伊莱克斯冰箱的安装手册规定，如果安装了2mm²的电缆，则电缆线路不得超过8m。更长的电缆(8~10.5m)需要2.5mm²的电缆，以避免不可接受的电压下降。然而，许多最近的Dometic产品要求使用不小于2.5mm²的电缆进行连接，即使在长度很短也是如此。在Dometic的AES型号上，12V电源线要求为6.0mm²，更严格的是适用于Dometic RM7601和RM7605设备的电源线建议，甚至要求10mm²的电缆。这是一个相当高的要求，是否所有的汽车制造商都遵守这一要求是不确定的。

基于长度的不同横截面积的电缆允许的最大电流

电缆规格	最大电缆长度（供电和返回）		
	4m	8m	12m
1.0mm²	9.4A	4.7A	3.1A
1.5 mm²	14.1A	7.0A	4.7A
2.0 mm²	18.8A	9.3A	6.3A
2.5 mm²	23.5A	11.7A	7.8A

点，但通常很难在改装项目的后期添加电缆，例如第158页介绍的架子上安装阅读灯时。此外，在第8章所述的大众露营车项目中，故意使面板可拆卸，以便可以轻松地进行布线检查和后续添加。

■ 布线

如果你的计划是完整的，并且你已经确定了所有12V设备的安装位置，你可能会决定请专家来进行布线。此项服务的广告有时会出现在拼装车杂志中。

■ 电路隔离

自BS EN 1648-2: 12V直流超低压电气装置的标准颁布以来，安装隔离继电器已经成为一种标准的做法。当发动机运

下图：这是冰箱、蓄电池充电器和隔离继电器的线路示意图。

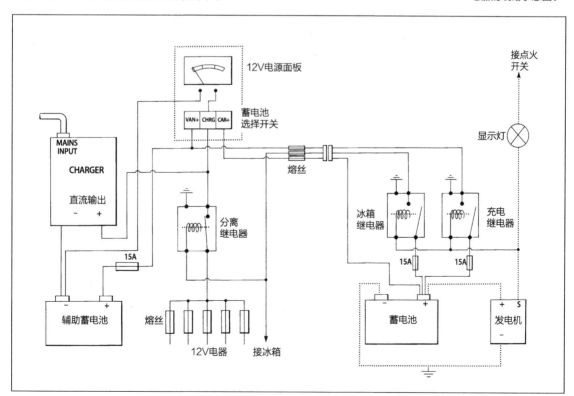

技术贴

继电器

继电器是不用手动操作的开关。它由电流激活,这就是继电器用于在发动机运转时向吸收式冰箱提供12V电源的原因。

吸收式冰箱可以吸收相当大的电流,尽管这在发动机运行时不是问题,因为车辆的交流发电机正在输出电流。然而,当发动机关闭时

会出现困难,因为车辆的起动蓄电池很快就会过放电。为了防止这种情况,继电器确保吸收式冰箱在发动机不运转时不再接收12V电源。

当发动机运转时,额外的继电器还将激活从交流发电机到房车的休闲蓄电池的充电电源。但是,当发动机未运转时,该继电器切断开关,使蓄电池完全独立。

传统的继电器采用电磁开关,尽管一些现代继电器以电子方式运行。两者都实现了目标,虽然作者在Starcraft项目和Mystique项目中安装了传统继电器,但大众T5项目配备了电子继电器。

继电器由汽车配件商销售。Hella公司还出售一种套件,该套件提供冰箱和充电控制系统,可安装在房车中。

注意:请注意,当发动机运转时,某些继电器会打开开关,例如为吸收式冰箱供电或向充电器输送充电电流。还有的是在发动机运转时关闭开关,就像在最近的房车项目的起居区域切断12V电源的配件。

该继电器具有电动而非手动操作的机械接通和断开触点。它还有自己的安装插座。

通常用于控制冰箱操作和休闲蓄电池充电的传统类型的继电器在Hella生产的接线套件中有出售。

在第8章所述的大众T5露营车项目中,安装了Towing Electrics公司的电子式"自动开关组合继电器"。

大众起动蓄电池向带熔断器的配电板提供永久性实时供电,当继电器开启时对休闲蓄电池充电。

注意:它没有继电器开关来运行吸收式冰箱,因为这种类型的设备没有安装在这个露营车中。

转时,该隔离继电器终止除了两个12V设备以外的生活区域供电。

绕过隔离继电器的例外情况包括在12V电压下运行冰箱的供电,以及为休闲蓄电池供电的交流发电机的充电电流。

《房车手册》(第3版)中解释了设置隔离系统的原因。然而,隔离设施通常不适用于旧车辆,它往往局限于配备电子控制装置的车辆。如果在生活区域同时使用太多的12V设备,其在道路上的操作可能会受到影响。

其他安装细节
■ 蓄电池位置

休闲蓄电池很重,第13章指出它的位置必须考虑到房车的整体重量分布。此外还存在电气问题,例如,它从车辆的交流发电机接收电压,它们越靠近越好。这是因为在长电缆中存在显著的电压损失。这表明休闲蓄电池的最佳位置之一是在发动机舱内。但是,你通常不会在轻型商用车的发动机舱里找到足够的空间来容纳第二块蓄电池。

蓄电池也应该放置在便于检查维护

左上图：按扣锁允许电缆通过其绝缘套管连接到相邻的电缆。

右上图：有时连接块很有用，在这种情况下，它用于将电源连接到天花板上的荧光灯。

的地方，这与将其隐藏在驾驶员座椅下的常见想法相矛盾。最近有些车型的座椅必须完全拆除后才能对下面的蓄电池进行操作。

也许它可以安装在外部储物柜或可伸缩的抽屉里，就像在地板下的Beeny Boxes一样。有些人发现这种安排效果很好，但在冬天会出现问题。在低温下，蓄电池在需要充电之前的运行时间（以其A·h数据表示）显著降低。因此将蓄电池置于室内温暖的环境中显然更好。

这是在Mystique项目中实现的。在第174页的插图中显示，一个180A·h的大蓄电池安装在前后车轴之间，低位并且恰好位于乘客座椅的后部。蓄电池顶部的胶合板可以向前滑动，从而便于检查和维护蓄电池。它的主熔丝安装在密闭外壳内，其位置意味着它可以受益于室内的温度。

■ 连接

在创建12V电源电路时，必须在电缆中建立良好的连接，并且某些方法比其他方法更好。

除少数情况外，电工不建议使用按扣锁，部分原因是它们要穿过绝缘套管。

电缆插接器比较和使用

只需要拧紧螺钉，微型连接块在某些

1. 在其电缆上安装了压接式插接器，为安装这种卤素灯做准备。

2. 为了切割一个精确、紧密的孔以接受卤素灯，在手柄中使用了一个扩大的钻头。

3. 在安装天花板之前，已安装好天花板灯的电缆。

4. 一旦完成连接，将灯单元推入孔中并用两个螺钉固定到位。

情况下很有用。

汽车电工更喜欢使用压接式插接器，当你正在处理一个雄心勃勃的自建项目时，值得购买一种质量更好的插接器。

上述插图显示了卤素灯安装在天花板上的过程，其中使用了压接式插接器。

技术贴

最后，在将230V交流和12V直流系统投入使用之前，请确保合格的电工检查它们是否正常工作。如果你决定未来将车辆出售，明智的做法是提供证明两个电气装置安全的检验证书。

用于安装在房车上的电器设备通常会有安全标签，该安全标签应固定在设备上或靠近设备。内容可能包括需要进行下一次检查的日期。

当电气承包商检查系统时，贴在关键物品上的附加标签有时会成为检验证书的依据。

第17章

决策

清水

安装清水箱

污水

安装地板下的
水箱

供水系统

这是安装在房车中的一种简易的供水系统,一些专业改装的
供水系统也不见得比它们更好。

供水系统应该不难设计,但专业改装的车型的供水管道可能会非常复杂,有时会存在问题。有时候污水排出得很慢,许多用户反映,从他们的生活区域会散发出令人难以忍受的气味。

另一个情况是,当地板下的污水箱安装在淋浴的后方时,会发生让人失望的事。当车辆紧急制动时,来自污水箱的脏水和残余物会向前冲击并倒灌至淋浴盆中。

不用说,这样的问题不应该出现。 但是,在讨论这些实际问题之前,先问问自己:"我想要什么样的系统?"

决策

至于清水供应方面,一些房车只配备冷水供应装置,包括水龙头和手动操作的泵。这是一个简单的装置,几乎很少出错。如果你想要热水洗脸或洗澡的话,你只需将水壶放在炉灶上即可。 在一个小型露营车中,这种布置很好,Whale公司供水配件中的脚踏-手动两用水泵仍然安装在小船和旧的房车上。

右图:典型冷热水供
应系统示意图

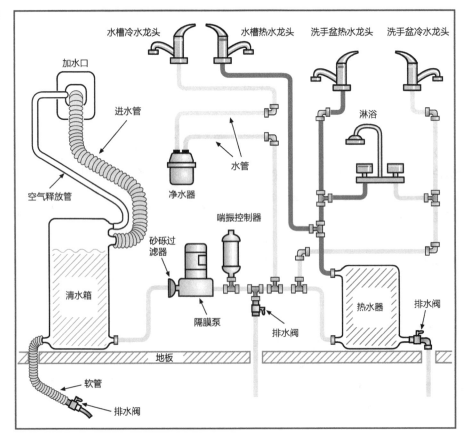

现在，大多数的房车车主都希望有热水器，可以提供淋浴用的热水。事实上，很少有人会买没有这些"奢侈品"的新型房车。然而，这些设施的安装需要加热单元、电动水泵、开关、12V电源以及精细的管道系统。

无论你打算使用固定水箱还是便携式水容器，水龙头的类型和水泵的类型，都将决定管道的选择。要了解有关产品及其操作的更多信息，请参阅《房车手册》（第3版）第7章中的详细说明。

相比之下，这里的内容是挑选出一些受欢迎的组件并介绍它们的安装方式。让我们从清水系统开始吧。

清水
来源

有四种供应来源可以选择：

- 使用减压产品直接连接到外接水管（例如Whale Aquasource）。这种设置在美国的房车营地很常见，但欧洲很少有营地提供这种全方位服务。
- 在英国经常使用两个外置便携式容器，一个用于清水，另一个用于污水。
- 水箱系统：其中一个污水箱安装在地板下面，一个清水箱安装在附近或车内，使其在寒冷的天气里不结冰。
- 一种采用水泵和便携式水容器的系统，其存储在室内专用橱柜中。这意味着可以将水箱单独运送到服务点，而不是车主必须随时带在车上。

便携式外置容器

在星际争霸房车项目中，该系统使用外置22.7L塑料水容器，连接软管，入口接头和电动水泵安装在地板内部。在冬天，水容器在晚上被带到室内。这种设置在十年期间都被证明简单有效。在使用过程中只进行了一次改动——安装热水器。

上图：拖挂式房车通常使用便携式容器来处理清水和污水。

左图：这个房车配备了便携式容器，而不是固定水箱。

作为替代方案，可以安装电动水泵，并且可以从Whale和Truma处获得产品。通过侧壁入口，可以将进水管连接起来，并提供电力以驱动水泵。

装上清水箱

Mystique项目中的方案更为精细。

左图：在星际争霸房车上，如果天气寒冷，晚上可以将容器存放在室内。

安装清水箱

1. 制作一个底座以安装水箱。其侧面的凹口是一个缓冲挡板，以抑制过多的晃动。

2. 左侧接口用于排水，右边的是水口。

3. 建造了一个封闭的框架，侧面的电缆连接到不锈钢水位计上。顶部的连接用于进水管和排气管。

4. 为了实现与螺纹软管的防水连接，在接口周围应用浴室硅酮密封剂，将管道立即连接并且在密封剂固化之前将软管夹紧固。

5. 使用回旋阀门在地板下方安装一个排水口。这是由CAK提供的，并且该装置允许在可能发生结冰时清空水箱。

6. 水位计连接到水箱上，显示面板安装在厨房。本产品随附连接电缆和操作说明。

注意：

1）顶部的通气管连接到加注口的接头位置。

2）寒冷的冬天过后，图5中所示的排水阀从车辆外部移除并重新安装在室内，就在地板上方。这意味着管道上游的残余水不太可能冻结，并且留在车辆下方的暴露的软管将保持空置。

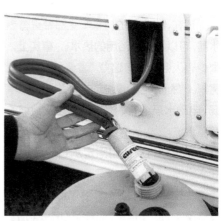

上图：许多房车都有一个电动水泵，并将它放入便携式水容器中。

将一个CAK的水箱安装在车内，为了减少占地面积的损失，把它安装在一个直立的位置。

还需要一个水位指示器。受欢迎的产品有不锈钢探针，可以通过水箱顶部的孔进行安装。然而，对于Mystique项目，CAK提供了一个侧面安装的不锈钢配件。它可检测水位并将电信号传送到LED面板，该LED面板安装在方便的位置。

容量约为55L，装满后重约55kg，因此需要坚固的结构。为了节省燃油，并保持车辆尽可能轻，你应该在上路之前先清空水箱。在实践中，许多房车车主会在途中携带一些清水。为了实现良好的重量分布，在前轴和后轴之间以及驾驶员座椅的后部之间选择了一个安装位置。

注意： CAK目前的目录中有超过170种不同形状和尺寸的聚乙烯水箱，公司可以提供适合你安装的连接配件。有关水箱的位置和其他相关的建议由CAK免费提供。

供应管道

使用塑料软管和夹子的管道似乎相当原始。不可否认，当使用优质的Jubilee夹子时，系统可以无故障运行多年，但并非所有车主都很幸运，而且他们便宜的夹

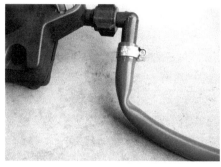

最左图：柔性软管的问题在于，当发生大角度弯曲时，它很容易扭结。

左图：当几个接头非常接近时，一系列软管夹看起来很不美观。

子接头经常会失效。

此外，柔性软管会产生扭结，一旦出现扭结，就很难解决。在某些情况下，接头组件需要大量的夹子，这些夹子看起来并不美观。

另一种方法是使用半刚性管和推入式管接头。这些产品已在建筑行业中使用了40多年，并且可以轻松制造接头。断开连接也相当容易。顺便提一下，如果你正在改装一辆旧的房车并希望使用半刚性管道安装新的设备，可以使用适配器将旧软管连接到新管道上。

左图：通过适配器，使带夹子的柔性水管可以与采用推入式管接头的半刚性管道连接。

使用半刚性管

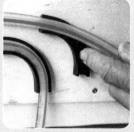

1. 要创建良好的连接，必须正确切割管道。Whale 出售了一种廉价的工具。

2. 将管道推入管接头。可能略有松动，但继续推动直到管道完全就位。

3. 要拆下管道，在将管道从管接头中拉出的同时向内推小型夹头。

4. 为了防止管道在大角度弯曲时变形，可以使用"冷成型弯头"通道来提供支撑。

注意： Whale品牌的快速连接半刚性管道产品中包括12mm、15mm和22mm等几种外径规格，12mm产品通常安装在房车中。John Guest Speedfit的产品则更多用于建筑行业，

其产品包括"冷成型弯头"，用于需要进行弯曲处理的管道。

警告： 最近制造的半刚性管道在使用旧的推入式接头时容易堵塞。

右图：在 Mystique 的胶合板上安装供水系统，使一切都整洁方便。

右图：从车内水箱抽取的水首先通过砂砾过滤器。这些过滤器必须易于清洁。

右图：Whale 通用隔膜泵的输出端流向最右边较小的白色容器，这是喘振控制装置。较大的白色部分是 Nature-Pure 超滤净水器。

右图：在喘振控制之后，T 形件提供了一个排水设施；Whale 排水阀门靠近排水管的底部。

其他组件

所需的其余组件包括泵、砂砾过滤器、喘振控制和水龙头。你可能还需要淋浴控制器和净水器。

关于泵，隔膜类通常比潜水类更坚固，但它们通常需要供应系统中的喘振控制装置。这将消除流动不规则性并抑制有时发生的脉冲作用。顺便提一下，如果需要净水器，则需要具有强大输出的隔膜泵。

隔膜泵的另一个特征是压敏开关装置安装在其壳体内。这就是它的操作方式：当你对水龙头进行操作时，管道的"打开"会导致压力下降，从而立即激活控制水泵电动机的开关。

它是一个可靠的系统，除非管道连接中有小的漏气。这可以使水泵频繁几次，这在夜间会很吵人。因此，尽管大多数12V控制面板已经有一个隔离水泵的开关，但是安装超控控制也是正常的。

另一种方法是安装采用微型机械开关来起动电动机的水龙头。不幸的是，如果触点潮湿，这些将会失效，然后你不得不进行更换。

清水供应

在为Mystique设计供水系统时，决定在6mm胶合板上安装组件。该厚度的板很轻，并且在安装主要部件的背面添加了加强层。

电路板安装在水槽下方，当抽屉和搁板从厨房组件中取出时，所有组件和管接头都很接近，这在需要维修时非常重要。

更仔细地观察布局，你会发现来自水箱的水进入Whale隔膜泵之前先要通过砂砾过滤器的过滤。砂砾拦截过滤器对于防止活塞机构损坏至关重要，因此隔膜泵始终配有过滤器。

然后水从泵中流出向喘振控制器前

最左图：这显示了 Whale 的紧凑型 ASC 过滤器，之后被净水器所取代。

左图：两个 90° 管接头、柔性连接管和 Nature-Pure 超滤净水器取代了安装的过滤器。

进，并随后到达T形管接头。这是最低点，并安装了一个排水阀门，以便可以从系统中有效地排空残留的水。当房车停放在寒冷的环境时，所有的阀门都必须保持打开状态，系统里的水应完全排空。

如果排水阀门关闭，水将被送入两个独立的通道：水槽龙头的冷水供应处和洗手盆、淋浴和热水器的供水系统。

当Mystique首次投入使用时，水槽的供水系安装了Whale的ASC过滤器，以改善水味道。

这种过滤器很好，但它不能净化水，因此General Ecology公司的Nature-Pure超滤净水器已经取代了它。

只要隔膜泵达到所需的压力，这种类型的净水器不仅可以改善水的口感，它还确保水可以完全安全地饮用。因此，你可以直接从水箱中获取饮用水，而无须担心其水质问题。一些房车车主会购买瓶装水，但是当安装了这种产品后，就没必要再去买水了。

最后，在半刚性管道上安装了适配器连接，从而为柔性编织尾部提供了螺纹连接，连接到Whale的不锈钢混水

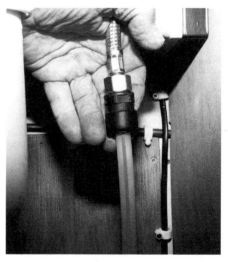

左图：可以使用适配器安装在供水管的末端，与水龙头的柔性"尾部"连接。

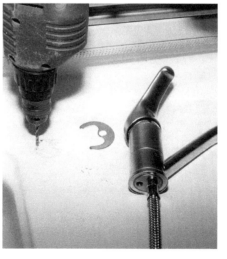

左图：这款高品质的混水龙头采用拉丝不锈钢表面处理，最初见于 Whale 的船用系列水配件。

右图：这种类型的排水管可以在外侧有突出的脊，但是内部具有光滑的衬套。

右图：来自CAK的紧凑型集水器与使用柔性软管组装的排水系统相结合。

右图：DLS的集水器设计用于安装在房车内，可以拆下存水碗进行清洁。

右图：家用PVC排水管可以使用各种接头和黏合剂组装，例如Osma提供的产品。

龙头。

水龙头安装在GRP板上，在预制孔下面进行9mm厚的"加厚"，以防止塑料弯曲。

污水
排水管

购买排水管时，不要选择内侧和外侧都有脊的旋绕管。制造商通常选用这种类型，但它会降低流速并且食物残渣很容易被卡在里面。更挑剔的制造商会选用Supaflex软管，外侧有加强脊，内侧有光滑衬里。购买时请留意检查。

这种类型的软管相当细，但如果安装的水槽的出口具有类似的细接口，则会很需要它。

之前提到很多车主都反映来自污水箱的返味，在炎热的天气里这些气味特别可怕。如果水箱出口的位置不能有效地排出所有水和漂浮的食物残渣，则会加剧这种情况。一种解决方法是采用我们家中使用的系统，其中每个水槽和厕所都有一个集水器（存水弯），以防止来自公共下水道的返味。

奇怪的是，很少有制造商愿意安装集水器，但最近推出了两种产品，它们与柔性软管相结合。当你开车时，偶尔会把这里存的水晃出来，但是一开水龙头很快就会恢复存水。

尽管推出了这些微型集水器，20年前房车使用经验使得作者安装了刚性的家用排水管。到目前为止，作者所有的DIY房车都安装了这个系统。

排水管道

在Mystique项目中，作者决定采用建筑材料商出售的PVC家用刚性排水管和接头。可以使用马桶水箱的25mm溢流管，但30mm管的流速更快。

因此，其集水器安装在水槽和洗脸盆

安装地板下的水箱

1. 最好购买带有清洁口和螺旋盖的水箱。CAK 的产品可以提供钢支撑架和柔性带。

2. 将水箱放置到它的位置可能很困难，并且可能没有像你想象的那样多的空间。因此最好在安装水管之前安装水箱。

3. 如果食物残渣堵塞了接头，那么显示水箱何时需进行排空的浮动装置可能会失效。这里安装了不锈钢螺柱，并连接到警告灯系统。

4. CAK 提供的储水箱可在客户需要的位置提供焊接出口。将其表面粗糙化处理后，用 Osma Weld 黏合剂涂覆表面。

5. 虽然 Osma 黏合剂主要是用于 PCV 雨水管的，但它也可以用来将管接头黏合到水箱上。左上：来自淋浴盆的水；右上：来自水槽和洗手盆的水；右下：排水口。

注意：在安装排水管之前，将房车完全停稳。这意味着如果你使用水平仪确保管道在整个运行过程中都具备一个斜度，那么无论何种停放水平，你将始终拥有一个高效的排水系统。

下面，而淋浴盆下面的集水器是使用几个 25mm 的 90° 特制的弯头。

至于水槽，它们的孔必须扩大以适应家用排水管。如果你不喜欢这种设计，你可以安装一个细一些的房车排水管，并将其连接到水槽下方 150mm 长的柔性软管的尾部。然后将这条柔性管插入一条 30mm 刚性 PVC 管内，就像洗衣机的柔性排水软管一样，它常常插在刚性排水管内。通过这种布置，然后将家用集水器安装得更低。

当然，你选择的管道决定了污水箱所需的入口接头的尺寸，请记住 CAK 接头可以满足客户的要求。

请注意，首先安装地板下的水箱，然后稍微调整管道的位置，而不是相反的顺序。还要注意一个在 Mystique 上必须纠正的错误。如果你的房车不适合安装很长的密集泡沫衬垫来保护与地板下面接触的水箱，那么每当你走到那个区域时它就会"吱吱"作响。

注意：在小型露营车上，可能更喜欢使用便携式污水容器。即使你确实安装了污水箱，其内容物也可能在冬季冻结，因此你将无法从水槽中排水。这就是冬季房车用户将污水通过水箱排入便携式容器的原因。

左图：在 Mystique 的水槽和洗脸盆下，安装了一个家用集水器，以防止来自污水箱的返味。

燃气供应系统

尽管电力和柴油燃料用于房车里做饭和供暖越来越受欢迎，液化石油气仍然是主流选择。

液化石油气（LPG）是一种"清洁燃料"，甚至可以用作内燃机燃料，从而驱动车辆。一方面它在房车使用中非常方便；但另一方面，使用不当会导致危险。

安全第一

在房车市场上从事燃气安装工作的工程师必须具备"燃气安全"（Gas Safe）认证（"燃气安全"认证在2009年4月1日取代了过去的CORGI认证）。

奇怪的是，这个要求并不适用私人房车。在1998年的燃气安装和使用条例中提到："任何人不得开展与燃气接头有关的任何工作，除非他有能力这么做。"从安全上来看这是很有道理的，但是"有能力的"这个词没有给明确的定义。

一个有经验的DIY改装者能否被认为有足够的能力来连接燃气设备取决于他的背景。如果一个房车自建者在燃气器具的安装和维修上注重广泛的实践并学习了理论培训课程，他可能认为自己是"有能力的"。

毫无疑问，连接铜制燃气管道不是一个复杂的操作，尤其是对于经常使用压缩接头连接水管的水暖工来说。另一方面，

铜制燃气管与铜水管不同。例如，如果过度压缩接头，它会变形，气体会从接头泄漏；相反地，如果你没有压紧接头，也会导致泄漏。当然，如果发生泄漏，就很有可能发生严重的事故。

有鉴于此，任何从未参加过与液化石油气装置有关课程培训的人，既没有知识也没有实际经验来改装燃气供应系统。同样，他们不应该尝试维修燃气器具。对燃气接头、烟道和设备的最终测试的工作应委托给燃气工程师。这个建议不仅是为了自建者的利益，而且是为那些后来购买了由DIY自建者改装的房车的人。

安全提示

安全标准

欧洲标准EN-1949：2002涉及安装，欧洲标准EN-12864：2001与监管机构有关。两个欧洲标准都适用于英国标准，它们的具体内容在本章后面有相应介绍。

自建者的参与

对于需要由一名受过LPG专业培训的燃气操作人员来实施工程，你也不要太失望。如果你分析一下燃气供应系统所涉及的工作，你会发现连接燃气管只是其中很小的一部分。

一个自信的木工可以安装分配装置，如吸收式冰箱、炉灶或燃气加热器。大多数安装工作都是结构性的，并且新设备提供的安装说明通常是全面的。例如，冰箱需要良好的通风装置来控制其周围的温度。

右图：设备连接不良导致的火灾可能造成严重损坏和人身伤害。

最左图：铜制燃气管可以用保护套覆盖，以避免在某些点磨损。

左图：弯管工具可以在不扭结管道的情况下形成急弯。

如果安装说明指出冰箱需要一个6mm的进气管，一个称职的DIY自建者应该能够沿着生活空间内的无障碍通道布置连续的铜管，并遵循BS EN-1949:2002中的规定。

例如，管道应完全由不超过500mm间隔的夹子支撑；管道运行还应保持与其他设备分开，在平行路径上具有至少30mm的最小间隙；在交叉点具有10mm的最小间隙。如果选择的路线可能导致一段管道受到机械损坏，则必须对其进行保护。一些制造商使用橡胶软管或塑料管套

保护铜管。

手动可以形成柔和的弯曲，但是当你创建小半径的紧凑线路时，需要使用弯管工具来防止管道扭结。燃气管道已准备就绪，以便燃气专家随后将设备连接起来。当准备将一段燃气管连接至设备时，请记住，必须安装一组易于接近的阀门。安装应符合BS EN 1949: 2002中的要求，并且如果需要，使用截止阀隔离各个分支。经验丰富的DIY自建者应该能够将截止阀组件安装到合适的基座上，尽管具有相应资质的燃气专业人员必须执行随后安装接

安全提示

燃气管道

虽然有时会使用钢管，但通常用于房车的燃气供应管由铜制成，符合EN 1057标准。通常使用的管道外径为：

5mm用于老车型燃气的灯。

6mm用于许多设备，包括大多数冰箱。

8mm用于一些空间加热设备，通常用于供应系统中的主干道。

根据最新的燃气标准，连接气瓶与调节器的柔性软管必须是高压规格。

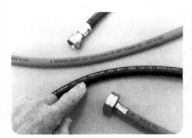

注释：

- 一些是米制规格的配件不适合英制管道。
- 气管必须连接到接地电缆上，接地电缆通常连接到钢制车身或底盘的一部分。 第16章（第172页）的插图说明了燃气管道上的接地连接附件示例。
- 通常只允许使用一根长的软管,用于将气瓶与调节器连接。
- 在实施BS EN 1949: 2002标准之前改装的车辆中，气体调节器直接安装在气瓶上，使用经认可的低压软管，车主可以使用合适的夹子安装。然而，如果30mbar调节器（稍后描述）是壁挂式的，则需要高压软管以及工厂安装的接头。除非气瓶安装在滑出式托盘上，否则长度不得超过450mm，在这种情况下，最大允许长度为750mm。
- 有关安装要求的更多信息，请参见BS EN 1949: 2002。

右图：未经训练的自建者不能进行燃气设备体连接，但可以在BS EN 1942：2002的程序中安装管道。

右图：在分配器上应安装有明显标记的截止阀。

右图：在发生燃气泄漏的情况下需要一系列排气孔。

右图：在地板的下面，精心设计的屏蔽可以防止气流吹入排气孔。

头的工作。

作为预防措施，必须在这种截止阀组件下建造一个排气出口，以防发生泄漏。此外，应该清楚地标记开关位置，并且需要一个识别标签来指示每个阀门控制的设备。

排气孔

在连接件失效的情况下，泄漏的液化石油气向下扩散并在其到达的最低点开始积聚。这可能是非常危险的，这就是为什么必须建造"排气孔"来为泄漏气体提供安全逃逸。

如果你查看燃气设备随附的安装说明，你会经常看到有关排气孔及其所需尺寸的参考信息，它们至关重要。根据BS EN 1949: 2002第5节的规定，气瓶柜底部还需要一个排气孔。

在规划系统中的排气孔的位置时，通常将气体想象为从错误的连接中流出的水，以便描绘其积聚的位置。液化石油气不像水一样可见，但它很可能被困在同一个较低的位置，因此需要"逃生通道"。然而，为了避免害虫，排气孔需要某种形式的格栅。

它还受益于安装在地板下面的导流板，这样就不会产生麻烦，因此当你在大雨中驾驶时，水不会从排气孔进入车内。你可以使用一些备用铝板或塑料板自制导流板。

安全提示

屏蔽排气孔

一些车主因为它们漏风就把排气孔挡住，这样做就丧失了排气孔的功能。永远不要阻挡排气孔，尽管由于施工不良而经常发生漏风。可以制作合适的屏蔽结构，既不会阻挡排气孔，又能防止气流和雨水倒灌。

液化石油气指南

在房车中使用液化石油气的任何人都需要知道如何安全地使用它。有关使用房车和操作其设备的信息，请参阅《房车手册》（第3版）。其中包括LPG气瓶类型、气瓶安全储存、压力调节、气体堵塞问题和操作设备评估等主题。

其中一些主题也在这里提到，尽管描述很简短。另外，请确保查看后面有关所有自建项目的燃气压力和性能的内容。

普遍事实

液化石油气具备以下特性：

- 本身无气味，因此在向公众出售之前添加其独特的气味。

- 不是有毒气体，但高度易燃。

- 它比空气密度大，如果从错误的连接处泄漏，它会下沉到最低位置。这就是为什么气瓶不应该存放在地板下，以及为什么房车要设置低位置的排气孔。

- 有两种不同的种类：丁烷和丙烷，它们具有不同的特性。

- 当温度合适时，它能从液化状态变为气体状态。例如，在大气压下，丁烷在低于0°C的温度下不会汽化，而丙烷能够在-40°C的低温下汽化，因此它是冬季的首选燃料。

- 在英国，丁烷和丙烷便携式气瓶都很容易买到，在欧洲大陆丙烷更多是商用，而不会以便携式气瓶的形式出售给公众。

压力与性能

事实上，丙烷的蒸气压是丁烷的3~4倍（15°C），这对调节器的选择有影响。调节器的功能是确保气体以稳定和恒定的压力从气瓶输出，以适应运行所需的设备。使用调节器意味着来自气瓶的"新"气体将以与之前存留的"旧"气体相同的压力到达设备。

同样重要的是，安装在一些房车中的器具有着不同的工作压力。例如，英国（2003年9月之前）的做法就是安装使用28~37mbar(1mbar=100Pa)压力供气的设备。在德国，过去也安装了器具，这些器具是在50mbar的压力下运行的。

当开始大量出口和进口房车时，很明显这需要标准化。即使气瓶本身，不同国家的产品也有不同的接口，这在今天仍然如此。

在英国，设备通常可以用丁烷或丙烷运行而无需调整，但在2003年9月之前，你必须购买适合你首选燃气的调节器。在英国销售的丁烷调节器通常是蓝色的，而丙烷调节器通常是红色的。此外，它们各自的接口仅适用于包含适当类型气体的气瓶。

注意： 通过调节器的颜色鉴定其适合与丁烷还是丙烷一起使用的方法不是普遍接受的。应检查其标签上给出的信息，以确认其工作压力和燃气种类。

必须引入标准化系统，这促使颁布了两个英国标准/欧洲标准，即：

- BS EN 12864:2001 低压、非可调式调节器的最大出口压力小于或等于200mbar，容量小于或等于4kg / h，及其相关丁烷、丙烷或其混合物的安全装置。

- BS EN 1949: 2002 在旅居车和其他公路车辆中安装用于居住用途的LPG系统的规范。

左下图：与丁烷一起使用的安装在气瓶上的28mbar调节器通常涂成蓝色。

下图：用于丙烷的37mbar调节器通常涂成红色。

在英国，作为国家房车委员会（NCC）成员的房车制造商立即在2003年9月1日后建造的车辆中实施了新的BS EN标准。尽管它是一个"标准"而不是强制性监管，但同样有趣的是，许多非NCC制造商也决定采用新的做法。《房车手册》（第3版）中提供了更全面的说明。

修订后的燃气标准的实际意义

自2003年以来，欧盟成员国的房车采用标准气压30mbar。因此，所有现有的燃气器具都可以在30mbar的压力下运行并进行相应的标记。这需要开发新的调节器，以30mbar的压力输送气体。但这种变化并未就此结束。

30mbar调节器的设计也使其能够接受丁烷和丙烷。大多数国家的制造商也将30mbar调节器固定安装在气瓶附近的隔板上，从而形成固定管道的一个组成部分。

注意: 2003年之后，一些德国产的房车仍然配备了安装在气瓶上的30mbar调节器和柔性软管，但这是不寻常的。

当壁挂式调节器构成固定供气系统的一部分时，为了连接气瓶而需要购买的只是一个高压柔性软管及接头。出售的版本适合许多不同的气瓶连接，因此你可以将其与欧洲其他地方以及英国使用的气瓶相连。在少数情况下，也可能需要额外的适配器。

右图：2003年推出双气体30mbar调节器后，一些德国制造商仍提供直接安装在气瓶上的型号。

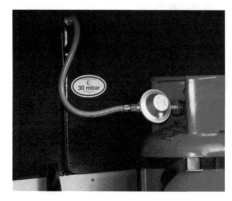

安全提示

压力调节安全

2003/2004年燃气标准中工作压力的变化对于自建者尤为重要，特别是决定翻新旧车的DIY自建者。例如，如果在2003年9月之前改装了一辆房车，那么燃气设备和系统的气瓶安装、气体专用调节器都是兼容的。

或者，如果你正在改装符合上述BS EN规格的2003年9月后生产的房车，则其30mbar设备和其双气体30mbar调节器也将实现适当的兼容性。

你不能做的是混合设备和调节器系统。换句话说，如果你正在翻新2003年之前的车型，该车型配备了原装燃气设备，这些燃气设备设计用于输送气体压力为28~37mbar的气体专用调节器，则不得将这些用于其他类型的调节器。这意味着你不得通过替换2003年后的30mbar双气体壁挂式调节器来改变系统。这可能听起来不合逻辑，但专业的燃气工程师已经明确表示，将固定安装的通用调节器改装到2003年9月前的房车上是不可接受的。这在Calor Gas发布的一个教学手册中得到了澄清，该手册于2003年首次发布，主要指出：新调节器的气体压力和你现有的安装不兼容，你应该继续使用合适的气瓶安装调节器。这一警告也得到了英国国家房车委员会的认可。

考虑到这些问题，购买二手燃气设备（如炊具或暖风机）而不进行维修和调试检查，以及由有资格从事液化石油气设备工作的专业人员进行安装将是非常明智的。此外还需要确定其气体工作压力，然后规定适合于安全运行的压力调节系统的类型。这不是自建者能够做出自己判断的领域。

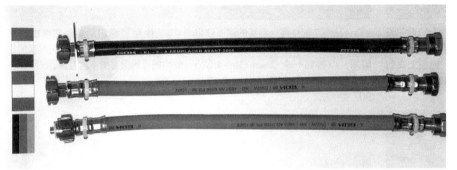

最左图：自 BS EN 1949：2002 和 BS EN 12864 发布以来，壁挂式 30mbar 调节器（如 Clesse 的这种调节器）可兼容丁烷和丙烷。

左图：这个壁挂式 30mbar 调节器是 Truma 的几种型号之一，与 Clesse 产品一样，它构成固定供气系统的一部分。

左图：如果使用固定的 30mbar 调节器，则只需购买一根适合所选气瓶类型的连接软管。

使用新设备时的气压

如果你购买了标有30mbar的新燃气设备以安装在你的自建项目中，你需要一个30mbar的调节器。另外，如果你购买二手设备（可能来自报废厂，标记为28~37mbar），则必须安装一种较旧的丁烷或丙烷气瓶安装式调节器。

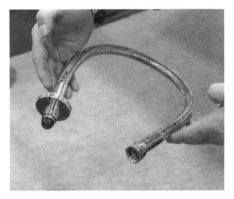

左图：使用壁挂式调节器时，必须使用带有预装接头的高压软管。有些是柔性橡胶软管，但这种类型使用半柔性编织不锈钢管。

工程实例

载有气瓶的舱室的安全要求在BS EN 1949: 2002第5节中规定。该标准涵盖了从居住空间和没有居住空间进入内部隔间的例子。在这两种类型中，都严格规定了与热源的最小距离，并且在与房车相关的图表中，这指的是"排气装置"。据了解，这个术语是指消声器和排气管。

其他要求包括:

■ 要设置一种装置,确保气瓶牢固地保持在直立位置,其阀门位于最上方。

■ 要设置一种安全系统,可以在不需要工具的情况下检查气瓶。

■ 固定低位置通风至少2%的隔间面积和10000mm²的最小安装面积,以便气瓶不会阻碍它。

■ 隔间内没有任何可能点燃泄漏气体的物品——没有储物柜灯,电池或非绝缘电气连接等。

■ 自建者必须参考BS EN 1949: 2002,以更全面地了解LPG装置相关的标准。

构建一个内部通道的气瓶隔间

1. 该系统适用于 2003 年以前的设备安装，配有安装在气瓶上的丁烷 28~37mbar 调节器。地板上安装了一个排气口，距离消声器 1.6m。

2. 从汽车配件商处购买的钢板被切割、弯曲和铆接以形成不易燃的隔间，以容纳一个 Calor Gas 4.5kg 丁烷气瓶和一个 Campingaz 2.72kg 907 型气瓶。

3. 使用竖锯切割隔间底部的排气孔，并安装从配件商店购买的铝制格栅以确保害虫不能进入。

4. 安装隔间，使燃气控制开关不被遮挡。保持基座安装在地板上，这些保持基座可定位气瓶，使它们不会晃动。

5. BS EN 1949：2002 中要求使用支撑物以防止气瓶翻倒。在这里为 Calor Gas 气瓶切割了一个套环。

6. 4.5kg 丁烷气瓶需要一个用螺母连接的气瓶安装 28mbar 调节器。Calor 经销商销售便宜的扳手。

7. 从 Gaslow International 购买的手动操作的分配阀上有肋状接头。由于有一个安装在气瓶上的调节器，可以使用质量好的夹子固定软管。

8. 保持气瓶直立的上部套环为分配阀提供了一个安装点。由于调节器的气压降低，可以安装低压软管，当然这里使用的是高压产品。

9. Calor Gas 气瓶在英国以外无法获得，因此应用更广泛的 Campingaz2.72kg 907 型丁烷气瓶被当作辅助装置。用内衬钢板的胶合板盖住完成的金属隔间。

安装Cramer燃气灶和烤架

购买了一个四火眼燃气灶，其中包括一个预安装的烤架和一个安全玻璃盖，将其安装在合适的GRP台面和水槽单元中。注意遵循制造商要求的与可燃表面的指定距离，燃气灶上方的高度是特别关键的尺寸。当燃气灶点燃但水壶（或平底锅）被短暂移除时，来自未覆盖的火眼的热量将以惊人的速度上升。

像所有现代燃气灶一样，它配有熄火装置。这意味着如果其中一个火眼爆裂，则燃气供应自动终止。尽管有此规定，炉灶下方的结构仍谨慎地设置了排气孔。因此，如果燃气开始从燃气灶、烤架或供气接头处逸出，则有排气孔通向下方的地板通风口。

上图：当厨房配有炉灶时，安装说明中规定了可燃表面与燃气灶侧面和上方的最小距离。

安装Cramer燃气灶和烤架

1. 记录设备接头的位置，以便稍后可以在适当的位置安装进气管。

2. 使用竖锯在工作台上形成切口。选择慢速并安装用于切割 GRP 的刀片。

3. 在切口周围粘上加强胶合板以安装固定螺钉，并在玻璃盖的铰链附近提供支撑。

4. 在每个角落的 GRP 板上钻出用于固定螺钉的导向孔，在下侧粘上 9mm 胶合板。

5. 橱柜单元围绕烤架组装，留出足够的间隙和气体逸出路线。

6. 制成纸模板并转移到塑料层压板上，然后为控制旋钮钻孔。

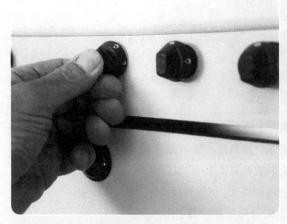

7. 重要的是，当点燃燃气灶时，控制旋钮可以被完全压下，以加热火焰失效探针。

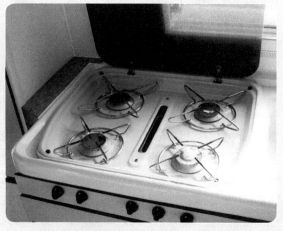

8. 橱柜单元围绕燃气灶的位置组装，并且安装下拉式前盖以覆盖烤架。

气体报警器和检漏仪

所有房车车主都被要求安装气体报警和检漏装置。这些产品的说明书中给出了关于合适位置的建议,并给出了相应的安装说明。在安装LPG气味探测器时,将一个电子报警器高高地安装在墙上是没有意义的,因为逃逸的气体向地板排放。

除了在检测到LPG时发出响亮警报声,现在所有2012年NCC批准的专业改装的房车都有义务安装一氧化碳探测器。最近因一氧化碳中毒导致的露营地死亡事件更强化了这一要求。 对于所有车龄的房车,强烈建议安装自带小电池的探测器。

泄漏探测器也可用于监控LPG供应系统,如Gaslow压力表系列。它不仅监测系统何时发生泄漏,还可以监测设备使用时气瓶的填充状态。

Gaslow压力表通常靠近供应气瓶安装,这意味着它监测整个系统。 然而,在2003年9月1日之后的房车上安装了一个壁挂式调节器,需要一段时间才能发现泄漏。因此,建议你在到达目的地时打开气瓶并关闭所有燃气设备。仪表通过显示一个绿色扇区来监测压力。在无泄漏的系统中,指针将在关闭气瓶后数小时内都指示其绿色区域。

另一种产品是Alde探测器,它安装在主供气管道中,尽可能靠近其源头。这不可避免地意味着将这种系统与气瓶连接的短长度的柔性管不能通过这种类型的产品进行检查。除此之外,按动其红色"测试控制"按钮暂时将气流转移至液体中。当一切设备都关闭后,应该没有气泡,只有在使用燃气设备或出现泄漏时才会出现气泡。

完工

安装完成后,在Gas Safe认证专家检查系统之前,请勿将其投入使用。在确认其使用安全之后,应当签发有日期和签名的证书。液化石油气是一种必须经过精心处理的燃料,所有供气系统和设备应每12个月提交一次例行检查。如果你怀疑系统有故障则提前检查。

左图:Strike Back报警器可检测 LPG并安装在地板附近。

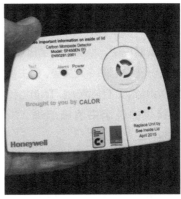

左图:这种一氧化碳报警器的位置在说明书中有详细要求。

左图:Gaslow 压力表系列产品包括几种类型。

左图:Alde 泄漏检测仪必须安装在主供气管中。

电器及配件

需要谨慎选择和安装厨房电器、加热系统、洗手间产品和其他固定装置。

前面的章节引起了人们对房车上使用的许多电器的关注。分步图片还突出显示正在进行的安装工作。但是你想要选用什么类型的设备？本章的目的是进一步研究不同类型的设备、系统和配件。

进行装配操作始终要记住遵循制造商的安装说明，尤其是安全建议。确实，过去一些说明书令人失望，但主要制造商如Dometic、Thetford、Truma和Whale等提供的说明书清晰明确，并且相当详细。

显然，本章不会复制购买设备时已提供的信息。本章后面的组图显示了Thetford马桶的安装以及洗脸盆的安装。此外，淋浴盆的安装也具有特色，因为这些产品很少提供安装说明，这很可惜。如果你不能在淋浴盆下构造坚固的框架，你最终可能会得到一个破裂的淋浴盆。

产品决策

你需要就以下事项做出决定：

- 冰箱
- 烹饪用具
- 空间供暖系统
- 热水器
- 浴室配件

对于以上这些设备不只是如何选择的问题，还得考虑使用什么能源。如烹饪用具究竟使用燃气、电，还是柴油。

冰箱类型

一些露营车，包括由Wheelhome改装的"载人车"，配备的是便携式冷藏箱，而不是固定冰箱。当空间极其有限时，这是合理的。

然而，大多数房车都有固定安装的冰箱，有两种不同的类型。 因此，自建者必须决定是选用吸收式冰箱还是压缩机冰箱。作为一个兴趣点，房车中的压缩机冰箱是家用的紧凑型12V电器。

实际上，有几种方法可以在冰箱中实现低温。最有效的方法涉及化学过程。制冷剂在复杂的管道迷宫里循环，当它们从液态变为气态并再次恢复成液态时，热量被从食物储藏室抽出。 然后，它的温度就会下降。

冷却装置（安装在冰箱外壳的背面）激活了这种化学过程，有吸收式和压缩机式两种类型。它们的区别在于制冷剂循环的方式。下面让我们更详细地解释一下。

- 吸收式冰箱: 在这种"三通路"设备中，应用热量将制冷剂送到冷却装置的管

右图：安装吸收式冰箱的说明通常非常清楚。

道组件内。热量由三种来源之一供应：燃气燃烧器、12V直流电源加热元件或230V交流电源加热元件。吸收式冰箱的工作过程是静音的，但它的背面必须使用从外部通过专用风机抽出的空气保持冷却。 另一个问题是，如果车辆没有停在水平地面上，制冷剂的循环将受到阻碍。即使是"倾斜容忍"设备在与水平方向倾斜角度大于6°时也不太可能实现冷却。 还要注意吸收式冰箱就像任何使用燃气的设备一样，必须定期维护。Dometic和Thetford等品牌的冰箱通常应每12个月维护一次。

- 压缩机冰箱：在这类产品中，电动12V压缩机使制冷剂循环。 这只有在由恒温控制开关触发时才会开始运行，你可能已经体验过车载冰箱和家中冰箱中的压缩机产生周期性的嗡嗡声。在房车中，压缩机冰箱使用12V直流电源，既不需要墙壁通风装置也不需要烟道。与吸收式冰箱不同，如果你停放在斜坡上，压缩机冰箱也可以正常工作，只要倾斜不超过30°。 对用户有利的另一点是它们不需要日常维护。

- 比较：选择你喜欢的设备将部分取决于你的假期旅行风格。 如果你喜欢在野外旅行，不经常使用提供230V电源外接服务的露营地，三通路吸收式冰箱更适用。这种类型的设备使用燃气这一事实尤为重要。但请注意，其12V加热元件仅在你驾驶时才会运行。如果你在停车时使用吸收式冰箱，那么休闲蓄电池很快就会被耗尽。

在房车的密闭空间内吸收式冰箱的静音特性是一个额外的好处。另一方面，你必须在侧壁上安装吸收式冰箱，并且需要在车身上切割孔以形成通风设施。安装时，将车停在一个完全水平的位置也很重要，这样可以通过水平仪检查正在进行的

左图：压缩机冰箱不必安装在车辆侧壁上。

左图：紧凑型顶部装载压缩机冰箱可安装在MPV改装车型中。

装配工作。

　　毫无疑问，安装压缩机冰箱要容易得多，因为它只需要12V电源就可以运行压缩机而不需要外部通风孔。此外，还有许多不同的型号：用于MPV改装车型上的超薄型，用于小型房车的紧凑型，以及适合底盘加装式房车的大型冰箱。尽管如此，

下图：这款 Bilbo's 房车上使用的压缩机冰箱看起来就像一个吸收式冰箱。

你会发现很多大型房车制造商并没有选择安装压缩机冰箱，而一些小型房车制造商，如Bilbo's，只选用压缩机冰箱。

尽管压缩机冰箱具有明显的优点，但它从休闲蓄电池中汲取了相当多的电能。当然，冰箱的压缩机是间歇性工作，但如果你把露营车长时间停在那里，然后去骑自行车或散步，蓄电池会出人意料地快速放电。如果你有一个暖风机和其他从休闲蓄电池中获取电能的设备，那么安装一个大容量的蓄电池是值得的，一些车主还会安装太阳能电池板。

毋庸置疑，如果你通常使用带有电源连接的营地，蓄电池放电不是问题，因为内置12V充电器可以为蓄电池充满电。如果你经常开着房车四处转悠，也不用那么急躁，因为交流发电机也可以给休闲蓄电池充电。

压缩机冰箱不需要外部通风设备，因此车辆的外观保持不变。请记住，之前提到的这种类型的冰箱不需要日常维护。这些都是决定在第8章所述的大众T5转换中安装吸收式冰箱的因素。

- 其他冷藏产品：你也可以看到采用Peltier原理的冷藏箱，它配备12V风扇用来冷却；还有一种是将蒸发器式空调吹出的冷风扫入冷藏箱内，以实现低温。两者都有其用途和好处，但它们与使用制冷剂的设备的冷却性能完全不能比。

烹饪用具

大多数燃气灶产品都提供了有用的安装说明。 第8章介绍了组合式燃气灶、水槽等的安装。在第18章中，还展示了Cramer四火眼燃气灶和烤架单元的安装。

如前几章所述，一些车主希望房车配备燃气灶、烤架和大小合适的烤箱。 其他人不太热衷于配备占据潜在存储空间的烤箱；许多进口的房车没有烤架。

当谈到燃料的选择时，大多数设备都使用燃气，但是越来越多的燃气灶上也装有230V电加热板。然而，Wheel home 公司2013年推出的无燃气车型，如Vikenze、Scarpa和Skurry，则使用电磁炉，它们要么通过逆变器使用12V休闲蓄电池运行，要么直接从营地连接外接电源。同时，船上通常装有使用柴油燃料的炉灶，这个想法已经扩展到房车的世界。例如，在2012年，Wheel home公司再次打破传统，在一个车型中引入了Webasto陶瓷顶部柴油炉灶。

关于安装问题，大多数烹饪用具可以由一个称职的DIY自建者安装，只要遵循制造商的说明并由合格的专家进行燃气部件连接。 同样，在为任何类型的烹饪器具选择一个位置时，必须远离可燃表面；制造商将就这一至关重要的安全问题提供准确的指导。

微波炉通常易于安装，只要其支撑架足够坚固并且附近安装230V电源插座即可。 如果安装在橱柜中，良好的通风是必不可少的，如Bailey制造的产品那样。

空间供暖系统

在第8章中指出，一些专业改装的房

右图：几个专业制造的房车配备了带有燃气火眼和230V电加热板的炉灶。

下图：Webasto 陶瓷顶部柴油炉灶通常安装在船上，但 Wheel home 公司也将其安装在房车上。

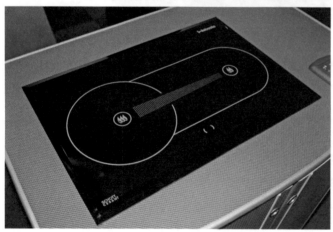

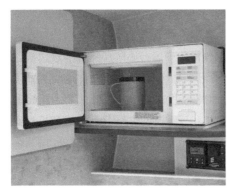

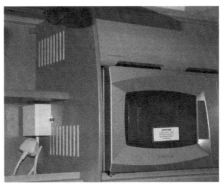

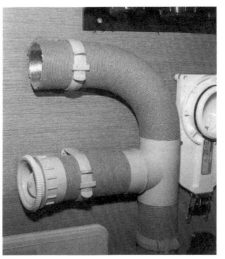

最左图：在这个自建车型中，使用 Vöhringer 胶合板构建了一个架子，旁边设置了电源插座。

左图：如果安装在紧密的外壳内，微波炉必须具有其制造商规定的通风装置。

左图：在升级操作中，移除了较旧的 Carver 暖风机并修改外框以容纳 Truma 产品。

左图：虽然 DIY 自建者不应该修理燃气设备，但受过训练的人可以轻易操作 Whale 空间加热器上的电路。

车提供暖风系统作为可选配置。 对于喜欢在温暖地区的夏季度假的用户，可能永远不需要供暖设备。

然而，大多数车主都希望有一个固定的供暖设备，并且在厢式车改装车型中的要求肯定与底盘加装式房车是不同的。在后一种类型的房车中，不仅有更多的内部空间需要加热，而且还有足够的空间来安装供暖系统。这引导我们了解你首选的燃料类型。

电加热系统

虽然电力有时用于供暖，但典型的家用暖风机的电流消耗对于许多露营地的 230V 外接交流供电来说太大了。然而，在大多数营地，外接电源通常足够支持家用暖风机或紧凑型便携式电暖气正常工作，它一般限制在1kW以下。这需要一个5A插

最左图：DIY 自建者可以应付加热器本身，但连接烟道和燃气接头是合格的燃气专家的工作。

左图：与暖风机配合使用的暖风管道当然是一个自建者可以解决的工作。

安全提示

来自烹饪用具的热量

切勿使用燃气灶、烤架或烤箱作为空间供暖的替代形式。这些都有暴露的火焰，而现代的供暖设备是室内密封的，以确保安全。"室内密封"一词意味着封闭式燃气设备燃烧所需的空气是从外部抽来的，没有氧气从生活空间中取出。同样，烟道布置也直接向室外排放燃烧废气。许多年前通常安装在房车中的小型"明火"燃气热水器不再被认为是安全的。同样，媒体报道了一些事件，当使用经过严格改装的燃气灶过夜加热时，由于一氧化碳中毒，车上乘员全部丧生。

座，并假设你不会同时使用其他电器。

至于休闲蓄电池的12V直流输出，这通常用于运行燃气加热器的暖风机。然而，一些燃气空间加热器也包括内置了230V辅助加热元件。例如，几款Truma暖风机和现在已过时的Carver暖风机都安装了电辅助加热元件。除此之外，虽然柴油/汽油设备越来越受欢迎，但房车的主要热源还是来自燃气。

热水器

小型房车的改装者通常没有足够的空间去安装淋浴间，因此是否需要安装热水器就变得有问题了。就洗涤用热水而言，这可以通过开水壶轻松地获得。

而在大型房车中有所不同，其中大部分都配有淋浴和水加热设备。许多热水器是独立的单元，但是有的热水器在同一套管内包含空间和水加热操作。这通常被称为"组合"加热器。这里的重点是独立的热水器。

自20世纪80年代推出以来，Carver的独立式燃气热水器非常受欢迎。在Carver于20世纪90年代末关闭其加热部门之前，出现了几个版本，其中一些版本包括其储水罐内的电源加热元件。

如果你购买了装有Carver产品的房车进行翻新，请注意诺丁汉郡附近的Arc Systems公司备有库存备件，并为其热水器提供维修/翻新服务。此外，几年前推出了Carver老款产品的复制品，名为

右图：一些燃气暖风机具有内置在风扇组件内的辅助电加热元件。

右图：Carver 4000 Fanmaster 主要是燃气加热器，但 230V 加热元件也安装在套管内。

右图：某些 Carver 产品的零件仍可从 Truma 购买，但该服务可能很快就会终止。

最右图：Carver 热水器的安装孔也可以用来装配现代版本的 Henry GE。

最左图：这款 10L 规格的 Truma 热水器安装在 Swift Sundance 房车的衣柜底部。

左图：Whale 热水器适合狭小的空间。如果要更换旧的 Carver 热水器，可以使用转接板。

Henry GE。它的许多部件可与晶体加热器互换；供应商包括Johnnie Longden公司。

类似的燃气热水器还有圆形的，多年来一直包含在Truma系列产品中。这款产品被称为Ultrastore，有10L和14L版本，两者都可以配备额外的850W（3.7A）230V电加热元件。

最近，Whale也推出了热水器，包括在储水箱周围的一个特别好的保温层。2010年推出的第一款车型提供了一个13L的储水箱，可以使用燃气或230V电源。它的制造商声称它可以在五分钟内提供比任何类似设备更多的热水。还有一个可选的适配壁板，允许配备旧的Carver产品的房车改装Whale热水器，不用进行重大改动。

由于Whale热水器具有方正的外形，这些电器很容易安放在橱柜或床架上。然后，为了进一步强化这种节省空间的功能，2011年推出了更小的8L版本。

所有上述热水器都配有储水箱，与被称为"瞬时热水器"的产品完全不同。这种壁挂式热水器可从Rinnai等制造商处获得，并可根据需要提供热水。然而，在大多数情况下，其燃烧器完全暴露，并且许多设备并不总是配有外部烟道，因此这种类型的热水器不再适用于现代房车，很多用户都错过了使用"热水龙头"的机会。

左图：目前的房车不再安装壁挂式瞬时热水器，而使用储水式热水器。

组合加热器

如果你正在改装旧的房车，你可能会遇到已停产的设备。例如，当美国制造商Atwood关闭其欧洲分部时，之前许多房车安装的一个大型组合加热器的备件不再提供。几家房车制造商安装了这些组合加热器，包括Cockburn、Holdsworth和Murvi。

当Carver关闭其燃气采暖部门时让更多的车主担心。幸运的是，一些Carver备件可以从Truma那里获得，但这只是一个临时安排。

Truma组合加热器已经安装在许多大型专业建造的房车中超过15年。最近的设备非常复杂，但并非所有的燃气型号都使用电源。

在Truma的指导手册中很好地描述了结构安装部分，因此有能力的自建者能够自己执行这个任务。同样，配气管道的安装也不难，DIY自建者也可以进行简单的操作。但是，必须由专业人员完成燃气设备和烟道连接。

右图：这张剖面图展示了 Truma 最近的组合加热器产品内部的结构特征和令人印象深刻的工程设计。

柴油和汽油驱动的加热器

尽管燃气供暖产品有诸多优点，但之前介绍的Mystique是英国第一辆装有Eberspächer Hydronic供暖系统的底盘加装式房车。这是在Murvi公司在厢式货车改装车型上安装这种加热系统之后。并不是说Eberspächer的产品有多新，它已经在船上和商用货车的驾驶室中安装多年。大多数系统使用柴油燃料，但这家德国公司也生产同系列的汽油加热器。

已经有几种不同的产品，其中最简单的是一种紧凑型的独立的暖风机，称为Airtronic。 D2（2.2kW）和D4（4kW）版本由Auto-Sleepers和Romahome等制造商安装。这些Airtronic产品通常安装在床箱中，因为它们需要的空间很小。

一个名为Combitronic Compact的更完整的系统已由许多制造商安装，如Auto-Trail。它包括一个水加热设施，该设施还有一个储水罐。 Combitronic Compact系统安装在一个单独的外壳中，该外壳安装在车辆的地板下，从而腾出起居室的空间。该产品相当容易安装。

最后，还有一种是Modular Hydronic系统，它与车辆的冷却系统相结合，使车主能够在寒冷天气出发前预热发动机。还有一个9L的铜质储水罐，用来储存由循环加热器产生的高温水。它还装有一个附加的230V 1kW的浸没式加热器，可以通过营地的外接电源进行操作。当极热的水被抽出时，混合阀自动将流出的水冷却至可用的温度。这种混合过程意味着可以获得大量的热量。

该系统的控制面板提供多种操作选项，包括每日和每周的定时开/关。

遥控系统是另一项创新。例如，电池供电的遥控钥匙提供本地化的手动控制，而电话操作的远程控制设备使你能够：

- 启动加热系统
- 风窗玻璃除霜
- 预热发动机

用遥控钥匙可以从你的家里控制屋外停放的车辆。

Webasto也生产具有类似功能的产品。 虽然燃气设备的好处是不可否认的，但柴油和汽油驱动的加热器的竞争力日益提升。

尽管Eberspächer和Webasto系统的安装通常不被视为DIY任务，但是自建者可以进行一些准备工作。安装暖风管道和安装通风口都是自建者可以承担的进一步任务，包括安装燃气加热器的暖风分配管道。

淋浴室设施

到目前为止所描述的加热设备和烹饪用具通常都提供了详细的装配说明，连Thetford马桶也是如此。

但是，你不太可能找到伴随卫生间其他产品的详细装配说明，例如洗手盆或淋浴盆。 这些物品通常采用令人惊讶的薄ABS塑料模制而成，如果你不能正确使用，则物品破损并不罕见。

在第10章中提到，V&G会使用破裂的淋浴盆作为样本并用GRP制作更坚固的复制品。 如果你不想花时间为ABS淋浴盆创建支持框架，那么购买GRP产品可

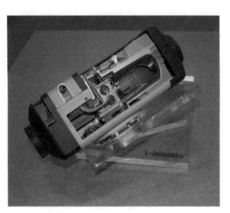

右图：这款紧凑型Webasto暖风机通常安装在小型露营车的驾驶室座椅下。

Eberspächer公司的Hydronic供暖系统的组件

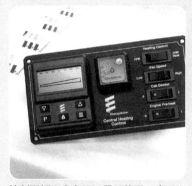

控制面板不言自明，易于使用。每 24 小时，可以编程三个定时开 / 关操作。如果需要，这些可以在一周内的不同日期有所不同。

当没有从发动机吸取热量时，紧凑型 Hydronic 加热器接管。在 Mystique 上，一个 5kW 的加热单元安装在油底壳上，以便不占用起居室的空间。

Hydronic 加热器连接到发动机冷却系统，并在车辆发动机关闭时接管加热生活用水的任务。

由发动机或 Hydronic 加热器产生的热水被泵送到安装在起居室的暖风机。如果需要，驾驶室中的热风出口也由该系统控制。

Eberspächer 暖风机可提供不同的规格。这个单元有一个大风道，分成三个较小的出口，分别加热淋浴间、休息区和睡眠区。

在储水罐中，来自发动机或加热器的热水沿着中央管路向下流动，中央管路又加热了其周围的生活用水。许多家庭中央供暖系统也采用这种形式。

左图：一个直立的储水罐和两个风扇单元中的一个安装在 Mystique 房车的洗手间附近的专用隔间中。

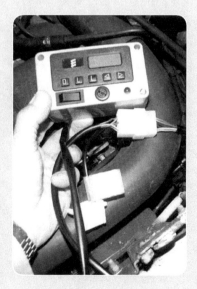

右图：如果系统出现故障，经销商会提供诊断仪表，仪表显示了四种 Mystique 房车上的加热器无法运行的两个日期。故障原因是蓄电池放电至 11.2V。

安装Thetford"旋转碗"C-200 CWE盒式马桶

在Thetford的产品线中有许多种马桶,目前都是盒式类型,其中一些是便携式的,而另一些是固定的。

"旋转碗"机构可以在小型卫生间中节省出额外的空间,特别是如果它必须作为淋浴间使用的时候。有些型号直接从房车的主要清水箱抽取冲洗水,它有一个小型的内置水箱,这意味着可以使用冲洗添加剂。CW型号使用手动冲洗泵,但这个CWE型号则使用一个电动冲洗泵。

这些产品设计用于安装在垂直后壁上,而Mystique车型的墙壁具有一定的倾斜度。为了解决这个问题,在木材上切割出狭窄的楔形包围结构,并使用黏合密封剂固定,以产生所需的垂直度。

注意: 在大雨中,从车顶流下的大量雨水漏进卫生间开口。本项目通过简单地在卫生间开口的上方粘一个铝制排水槽,消除了暴雨中水的渗漏问题。一个类似的配件装在主入口门上面,也被证明很有用。

1. 仔细查阅Thetford的产品目录,确保选择适合你特定房车的产品。

2. 该部分将安装在墙上,能看到电动冲洗泵的电缆、上部冲洗水入口和排放盒。

3. 将纸模板固定在墙上,从内部钻出的4个3mm孔,确保从外部看时的精确位置。

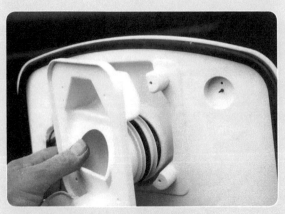

4. 位置孔保证内部和外部组件的精确套准。

5. 在这个型号上，电动冲洗泵连接到休闲蓄电池，最好要通过带熔断器的 12V 配电板。

6. 从内部钻出的四个原始导孔中的两个准确地显示了用于外部填充物入口的纸模板的精确位置。

7. 在纸模板周围仔细地刻画切割线，通过钻孔确保它不会滑出位置。

8. 为了保护外壁的涂漆面，在孔周围使用遮蔽胶带以避免损坏。

9. 在这个项目中，使用低速运行的竖锯切割 GRP 外壁。

10. 由于模板的精确定位，外部组件很好地连接到内部结构上。

11. 可使用黑色 Sikaflex-512 房车专用密封胶，并且将白色组件喷涂成银色。

12. 用类似的方法为排放盒的门创建了精确的切口。

13. 要使用密封胶和 G 形夹固定软木环绕框架，从而使这个较大的洞的结构得到加强。

在Mystique房车上安装丙烯酸树脂ABS洗手盆

1. 原来的 GRP 洗手盆太低了，将其废弃不用。

2. 外部使用桃花心木条支撑，里面由垂直的 Vöhringer 胶合板板帮助。

3. 洗手盆内的出水口经过改造，采用合适尺寸的镀铬排水口并连接集水器。

4. 除了安装混水龙头之外，Elite 系列中的淋浴控制器也安装在洗手盆上。

5. Elite 水龙头可以用半刚性推入式水管连接。 不要弄混冷热水管！

6. 请注意 9mm 胶合板用于加强安装龙头的底座。 所有的连接都是在洗手盆安装之前完成的。

7. 用密封黏合剂固定洗手盆，前面的提升翻盖挡住里面存放的卫生纸，并使其保持干燥。

8. 马桶在一边，洗手盆在另一边，淋浴在中间，浴帘可以遮挡窗户。

能是个好主意。旁边的插图显示了正在安装的淋浴盆。

其他配件

辅助产品的安装方法是专业杂志上发表的DIY文章的常见内容。需要仔细考虑灭火器、防火毯、烟雾探测器、气体泄漏报警装置和一氧化碳探测器等安全装置。同样，你必须仔细遵循安装说明，特别是关于其安装位置。例如，你不应该在可能的火源附近安装灭火器，例如燃气灶。同样，液化石油气和一氧化碳的特性也不相同，应有不同的安全要求。可以在安装信息中找到完整的指导。

其他受欢迎的配件包括车顶安装的定向电视天线、卫星天线、太阳能电池板和空调机组。最后，这里提到了Zwaardvis便携式桌子组件。它可提供独立式和落地式支柱桌，这种荷兰产品目前在英国由船舶配件商IMP提供。

Zwaardvis的产品价格昂贵，但其稳定性是首屈一指的。在早期的星际争霸项目中，由于错误地装配了传统的钢柱支撑餐桌，作者开始寻找更好的东西。经验表明，原来的桌子只要轻微推动

为ABS淋浴盆创造坚固的支撑

1. 9mm 胶合板与硬木支撑板一起用于支撑基座。

2. 与支架和钻头一起使用的扩展钻头使得淋浴盆出水口的阶梯形状能够被复制。

3. 使用带状密封剂来支撑淋浴盆的环绕凸缘，并提供缓冲效果。

4. 安装后，ABS 淋浴盆得到很好的支撑。稍后添加白色 Sikaflex-512 房车专用密封胶。

它就会引发一种让茶水溢出的振动。自Mystique完成以来，一些英国制造商已经开始选用Zwaardvis产品，尽管它们的成本比较高。在房车改装中，就像在生活的其他领域一样，"你得到的是你付出的回报"。

Zwaardvis的桌子组件

这个精心设计的组件安装在一些 Vöhringer 胶合板下面，以产生一个可旋转和滑动的工作台。

在车内的地板上有专用的安装基座，但是这种重型工作台也可以转移到室外使用。

上路

在你花了很长时间改装一辆房车之后，它需要由有资格的工程师来检查。在公共道路上行驶之前，还必须缴纳税费并上保险。

个别车辆认可（IVA）测试

如果你翻修了一辆原本由一家正规制造商改装的房车，其车辆详细信息（包括"车身类型"）将已记录在其V5C（英国注册证书）中。保险应该也很简单，不过你需要告知保险公司自车辆最初制造以来所做的任何重大改动。

如果你对原装车辆进行了重大更改，如修改或更换其发动机，你可能会发现一些保险公司不再愿意提供保险。

当爱好者改建"拼装车"时，经常会出现这样的问题。例如，在一个新建的GRP车身上配备了福特Cortina的发动机、福特EscortMk 2的变速器和传动轴。拼装车有时被视为"科学怪人"，一些保险公司也不想为它们提供保险。属于这一类的是Strarcraft和RickmanRancher房车，它们本质上是一种拼装车，尽管有住宿设施。曾经，仅仅需要标准的MoT测试来验证自建车辆的行驶完整性，但后来规则改变了。像这样的车辆必须通过一个车

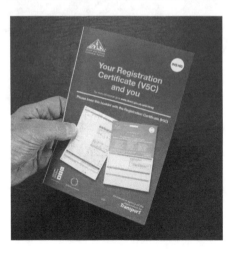

右图：在撰写本书时，这本DVLA手册（INS 160）中提供了有关车辆登记所有关键方面的指导。

辆批准（SVA）测试。最近，这已被个别车辆认可（IVA）测试所取代。

专业制造商改装新的房车已经有了新的法规。例如，在2009，一个粗略地描述为"型式认可"的程序被引入到房车的世界。最初，这是一些房车制造商自愿接受的一种可选程序。但是，从2012年4月29日起，它成为强制性的，目前提供三个不同的级别。为了确保完全理解这一主题，将在本书附录中对此进行说明。

与许多新法律一样，一些应用领域并不总是追溯过往。例如，老式汽车的所有者不需要安装安全带。同样，现有注册车辆（例如Starcraft和Rickman Rancher）的车主不需要提交它们进行IVA测试。另一方面，他们必须遵守适用于英国道路上使用的车辆的许多技术要求，安全非常重要。

类似的情况是，在"型式认可"成为强制性要求之前制造和注册的车辆，不必进行附录中说明的国家小批量型式认可（NSSTA）或个别车辆认可（IVA）等测试。当作者的大众T5厢式车（见第8章）于2011年底完成时就是这种情况。它首次登记的日期是2006年9月28日，其车身类型在其英国登记证的D3部分记录为"厢式货车"。然而，车身类型随后从"厢式货车"变为"房车"。在DVLA手册（INS160）中明确指出："根据法律，你必须告知我们任何变更有关V5C的详细信息。"根据该指示，斯旺西的DVLA于2012年初获悉了这辆车的改装操作。

有些改动注册起来很简单，但是这种转换引起了DVLA对几个细节要素的照片证明的要求，包括显示内部以及同一"镜头"中的车辆牌照的照片。这不是问题，因为它的一个铰链后门上有一个牌照架，而另一个门打开则显示里面竖立的床。后来发现，还需要证据来证明这辆改装的房车有一张"固定的桌子"。20张照片被及时提交，并随后修订了V5C。该证书现在标记车身类型为"房车"。

毫无疑问，与安全审批、税务问题、排放水平等有关的不断变化的法律问题并不简单。因此，应仔细检查相关的标准和规则。此外，还要注意政府网站上发布的最新文件。

保险

投保你的房车是另一个需要考虑的问题。在大多数情况下，自建者将在添加其住宿设施之前注册并确保基础车辆的安全。然而，许多保险公司只为专业改装的房车提供保险，而不经营由业余爱好者进行的改装项目。这很不方便，而且有几个知名制造商的起源就可以追溯到一个充满活力的DIY业余爱好者的努力。前文讲述的Auto-Sleepers故事就是一个很好的例子。

一些小批量的厢式车改装公司也没有官方资格证明它们的产品是"专业改装的"，这也是事实。这是房车改装行业的灰色地带之一，它们中的多数也不是国家房车委员会（NCC）的成员。因此，它们的产品没有认证标牌，该标牌确认符合NCC行为准则或符合其认证计划中规定的标准。

这并不是说非NCC认证的房车是不合格的。有些保险公司接受自建房车投保，尽管其接受条件各不相同，有些公司要求申请人提交工程师的报告。

为了帮助查询，保险公司可以让你联系你所在地区的工程师。有的公司不需要工程师进行独立审查，而是要求申请人提交其车辆的详细照片。

毫无疑问，你将遇到许多变数。当作者的星际争霸房车首次投保时，该保险公司已经知道这款产品并提供了保险，而无需提供照片证证。然而，当Mystique房车首次根据Norwich Union运营的"特殊车辆"计划投保时，必须提交一小部分照片（Norwich Union后来更名为Aviva Insurance）。咨询在拼装汽车杂志上刊登广告的保险公司也很有帮助，其中一些公司也为自建的房车提供保险。当被问及此事时，Footman James公司表示，"我们的销售团队能够提供房车的报价，其中也包括自制车辆，必须提交详细信息才能提供保险。"

另一种方法是去征求其他已经完成自建车辆的车主的建议，这也是明智的。例如，Silverscreen公司的合伙人Mike Parker改装了第4章中介绍的公交车改装房车，他发现他的车可以使用由全国农民联盟运营的方案投保。

如果你加入自建房车俱乐部，还可以获得保险费折扣。

因此，虽然有时侯得到的信息是保险公司几乎不可能接受自建车辆投保，但显然不是这样。

燃气、电气系统检查

虽然一些车辆保险公司可能需要汽

左图：原始登记证书将车辆登记为"厢式货车"，修订后的文件将其描述为"房车"。

Shield Total Insurance公司的投保要求

当本公司声明自建车辆必须在保单开立之日起90天内全部完工时，术语"完成"意味着必须使用以下永久性（即不可拆卸）固定装置和配件：

- 最小长度为1.83m的床
- 水平滑动侧门或向外打开的铰接后门或侧门
- 用餐者坐在固定桌子周围的座位区域
- 用于容纳水容器的永久性装置
- 衣柜或橱柜
- 燃气或电炉
- 两侧都有窗户

需要提供照片证据以确认改装后的车辆符合所有七项要求。（预计至少会有四张照片，其中两张必须是外部照片，包括车牌照。）如果改装时间超过90天，此后保险将减少为"仅限第三方"，并进行适当的退款。目前，自建房车俱乐部的会员可享受10%的折扣。

注册证书（V5和V5C）

请记住，必须通知DVLA注册车辆的某些更改。这些包括颜色的变化，车身类型的变化以及车辆总重量的变化等。这些信息都登记在注册证书上。

车工程师的报告，但在前面的章节中已经说过，合格的燃气和电气系统专业人员可以进行验收检查。验收后应出具确认其完工日期的证书。这不是强制性要求，但它涉及用户的安全，如果你未来决定出售自建的车辆，这些系统的认证也很重要。

重量检查

第6章描述了重量检查的主题，并强调了寻找和使用地磅的重要性。所有车辆都具有最大重量限制，在道路上驾驶超载车辆不仅是违法行为，也可能非常危险。许多底盘加装式房车的车主往往会让后桥超载。

因此，请检查之前提出的要点并获得完成改装的房车的重量证书。与完成的大众T5厢式车改装车型相关的重量数据在第8章中给出，有关菲亚特Ducato Maxi房车改装项目的信息记录在第9章中。重量证书的副本要与其他安全相关信息一起随车携带，以防路边的抽检。

结束语

现在你的项目已经完成了，你会遇到很多看似难以克服的困难。然而，当你上路开始你的第一次旅行时，快乐的心情是过去努力的回报。困难和问题常常很快被忘记。现在，你可以感觉自己是道路上的王者，享受着你自己创造的宫殿般的舒适环境。

右图：完工后，在地磅上检查该车辆的总重量。在这里，它的后轴上的负载也被记录下来。

右图：改造前，大众T5厢式车重量为1880kg；改造后重2120kg，远低于其2880kg的MTPLM限制。

附录
相关标准及规章

基于房车俱乐部技术经理Martin Spencer的文章

让我们面对现实吧，对标准和规则人们总是敬畏的。当然，他们只关心专业制造商，而不是车主决定改装他们的房车的车主。这个说法是有道理的，至少就细节而言，但是无论你是购买一辆房车，或是改装你已经拥有的一辆，还是打算自建一辆，都要注意很多事情。因此，本节提供了一个简短摘要。

道路使用的相关法律

毫不奇怪，你的车辆必须符合在英国道路上使用的技术要求。多年来，这主要是指道路车辆（制造和使用）法规（C&U），其中包括尺寸、制动要求和安全事项。但是，道路车辆照明规则（RVLR）中单独介绍了灯光和反射器。这些法规已经逐步更新，并逐渐与类似的欧洲法规协调一致，但从2009年起，一种名为"型式认可"的流程开始应用于新车型。型式认可确认设计符合大量欧洲或国际法规，并可在以下三个级别之一实现：

1. 欧盟整车型式认可（ECWVTA）是对车辆进行最全面的评估，要求其满足相关的环境、安全法规和其他和安全标准。这使得制造商可以在欧洲任何地方不受限制地销售产品，但缺点是满足ECWVTA的要求是一个复杂而昂贵的过程。作为购买者，你可以依照经过批准达到此级别的房车进行安全设计，并按照一致的标准进行改装，因为"生产一致性"（CoP）是要求的关键要素。大多数汽车都经历了同样的过程。

2. 小批量车辆型式认可（NSSTA）是英国的国家标准，适用于打算仅在英国销售的小批量制造商。技术要求有所放松，并且CoP要求更简单，从而降低

了管理和测试成本。

3. 个别车辆认可（IVA）是英国的国家标准，适用于制造或进口单一车辆或改装非常少量的车辆，对其进行型式认可测试是不切实际的。建造的每辆车都以"super-MoT"的形式进行检查，由英国的车辆和操作员服务机构（VOSA）或北爱尔兰的驾驶员和车辆管理局（DVA）进行检查。

所有这三个选项都会产生安全合法的车辆。然而，ECWVTA中包含更多关注领域，达到这种认证水平的车辆无疑在设计和施工方面都达到了高标准。当然，其他车辆可能同样好，但未经证明达到同样的水平。

注意： 这种英国"三级"系统的好处对于某些类型的自建房车项目尤其明显。例如，IVA明确满足使用新的未注册基础车辆进行改装项目的DIY自建者的特定需求。同样，如果现有车辆（或多个车辆）经历了其原结构受损的重大改动，那么它将是合适的认证选择。当然，与第8章中描述的T5厢式货车改装的情况一样，不需要为IVA提交小的改动，例如装修较旧的"预先批准型"注册车辆。

从2009年4月29日开始，型式认可成为房车的选择，一些制造商自愿开始销售获得认可的车型。随后，对于从2012年4月29日首次登记的所有房车，必须获得型式认可。从那天起，符合ECWVTA或NSSTA的车辆应附带"符合性证书"（可能包含在车辆手册中，而不是单独的文件），而经IVA测试的车辆应附带检验证书。

不符合任何一项标准的车辆将无法在2012年4月29日后注册并投入使用。（注意：旧车通常不需要追溯性地获得型式认可。）

具有ECWVTA的车辆（即使是在强制日期之前制造的车辆）的一个关键问题是，你随后为其选配的任何牵引杆必须是型式认可型号（指令94/20EC）。NSSTA房车也是这种情况，但与那些通过IVA的情况不同。对于非型式认可的车辆，如果有可用的话，仍然值得选择认可的牵引杆，因为这些牵引杆的测试

> **房车的定义**
> 该定义适用于各种指令、法规和其他文件：
> 房车是一种特殊用途M1类车辆，其构造至少包括以下设备：座椅和桌子、可从座椅转换的床、烹饪设施、储存设施。设备应牢固地固定在起居室内；但是，桌子可以设计成易于拆卸的形式。

标准非常严格。也可以选择已通过英国标准BS AU 114b或类似国际标准ISO 3853要求的产品。

对于自建改装者，值得注意的是，你仍然可以在较早的"预先批准类型"注册车辆上进行自己的改装，但这并不意味着你可以做任何你想做的事情。车辆必须符合相关法律要求，如C&U及其他文件中的要求。

对于提前进行型式认可的车辆，如果房车已经进口，特别是那些进口数量非常少的车型，可能会出现问题。进口商或零售商必须确保车辆符合C&U和RVLR的要求。例如，在欧洲来源的车辆上，km/h速度计必须改为mile/h，而前照灯开关必须改为右手操作。北美来源的车辆上的灯光系统将需要修改为欧洲标准，在少数情况下，车辆可能太宽。对于单独进口或数量非常少的车辆，上述IVA标准的前身，单车批准（SVA）计划，可供2012年4月29日前的房车使用。

你的房车还应该有一个固定在上车的重量标牌，通常有四个参数：

- 车辆毛重：满载时车辆的最大重量
- 车辆总重：你的房车和它牵引的任何东西的总重量
- 前轴重量：前轴的最大重量
- 后轴重量：后轴的最大重量

不得超过这些数字，否则会使车辆不适于行驶，可能会使你的保险无效，并且警察可能会阻止你继续行驶。强烈建议你按照正常使用的状态将你的房车带到地磅上，并仔细检查是否有足够的有效负载能力满足你的需求。

另外请注意，你可能会在车辆上找到两个甚至三个不同的重量标牌，特别是如果它是在最大允许重量经历变化的阶段建造的，可能是由于底盘加长。在具有三个车轴的房车上，第三个轴将有一个额外的重量数字。对于一些车主来说，他们的驾驶执照限制在不超过3500kg车辆总重量的车辆上，因此要仔细检查重量标牌。

自1994年10月以来，房车发动机的排放要符合一系列欧洲法规要求（欧1、欧2等）。 与乘用车不同，这不是用于确定车辆消费税的税率；然而，如果进入低排放区域，例如在伦敦和许多欧洲城市，它们则是相关的。大多数此类区域至少需要3欧元（2001年1月起），有些需要4欧元（2006年1月起）。随着时间的推移，这需要更多。如果你的车辆未达到正确的水平，你可能会被禁止进入该区域，或者如果你进入该区域则被罚款。购买二手房车或基础车辆进行改装时，请仔细检查其符合的排放标准。

标准和法规的变化

虽然本书搜集的标准和法规都没有错误，但在本书印刷之后就有一些变化。因此建议查看最新的立法，记住许多行政机构如DVLA都有网站提供最新的指导。

但是，有些要素是受法律控制的，例如，主电源安装必须符合BS 7671"电气安装规范（IEE接线规则第17版）"。型式认可的某些方面也会延伸到居住区域，包括安全带系统性能以及在旅行乘客所在区域周围设置尖锐边缘和桌角的限制。

然而，从1989年开始，汽车制造商和经销商协会（SMMT）推出了"房车行为准则"，该协议于1992年9月由SMMT /国家房车委员会（NCC）更新为"行为准则201"。这规定了与居住区域的健康和安全有关的各种要求，但不是法律要求。 NCC成员公司必须遵守它，但其他公司可能选择不这样做，这包括许多较小的改装公司和许多进口商。如果房车上有SMMT / NCC "CoP 201"标牌，或从1998年更新的等效"Ap

主要信息来源

虽然不是详尽的列表，但以下内容可能有助于那些希望了解更多有关此主题的人：

制造与使用注册：www.legislation.gov.uk/uksi/1986/1078/contents/made

道路车辆照明设备：www.legislation.gov.uk/uksi/1989/1796/contents/made

（以上两者都是这些法规的原始（未经修改）版本，两者都受到立法网站上单独列出的许多后续修订的约束。）

车型认证（来自DfT）：www.dft.gov.uk/topics/vehicles/ecwvta/

车辆类型批准（来自VCA）：www.gov.uk/automotive-import-and-export regulations# type approval-of-what-vehicles-and-automotive-components

对于那些能够忍耐大部头文件的人来说，这是来自欧盟的完整的型式认可文件：ec.europa.eu/enter prise/sectors/automotive/documents/directives/directive-2007-46-ec_en.htm

英国标准不是免费提供的，但可以从BSI购买：shop.bsigroup.com/

一些公立和大学图书馆藏有参考资料：

www.bsieducation.org/Education/resources/libraries.shtml

proved Motor Caravan EN 1646"标牌,表明其设计经过了NCC认证工程师的检查和批准。未经批准的设计可能仍然是安全的,并且生产得非常好,只是很难确定情况就是这样。

1998年9月,英国采用了许多新的欧洲标准作为英国标准,事情再次发生了变化。

BS EN 1646-1"与健康和安全相关的居住要求"中包括: 入口阶梯设计,门尺寸,床铺强度和安全性,饮用水和废水系统设计,加热要求,防火措施和用户手册要求。这可能是最重要的居住标准。 它设定了安全要求,保护儿童不会从床铺中跌落,并对加热系统进行评级,以表明你是否能够舒适地全年使用该车辆。

BS EN 1646-2"用户有效负载"中包括车辆重量和有效载荷术语的定义以及最小用户有效载荷要求。

BS EN 1648-2"12V直流超低压电气装置"包括安装、性能和安全要求。

BS EN 721"安全通风要求"中规定了技术要求和评估方法,以检查是否有足够的新鲜空气通风,以及在燃气泄漏时有足够的排气孔。注意: 这是非认证的房车最常见的问题之一。

2002年,增加了一个欧洲标准,涵盖了燃气系统:

BS EN 1949"旅居车辆和其他道路车辆中用于居住目的的LPG系统安装规范"包括气瓶存储、管道、设备、烟道等的安全性能和安装要求。

这些标准替代并提高了先前在"CoP 201"中所涵盖的要求。同样,它们不具有法律约束力,但它们的欧洲背景意味着更多的制造商采用它们。由NCC检查的车辆带有"EN 1646"的标牌,这表示符合居住标准,尽管NCC进行的认证检查范围更广,涵盖了更多的主题。

作为"欧洲标准",欧洲各国应该采用这些标准(虽然不一定在每个国家同时进行),这意味着进口的房车也可能遵守这些标准。请注意,NCC会检查和认证一些进口的房车,而其他英国之外的国家的制造商可能只是声称符合标准,而不通过NCC的认证过程。

如果法规和标准没有涵盖重要主题,NCC已经制定了额外的行为准则以填补空白,而旨在通过委员会认证计划的房车遵循这些要求,其中包括一氧化碳报警和可再填充的液化石油气瓶的规范。

安全带

自1988年10月起首次使用的房车必须为驾驶员和驾驶员旁边的一排座椅配备安全带。直到最近,在居住区域的座椅并不强制配备安全带,但是要求如果配备了就必须使用。

然而,从2007年10月开始,新车必须为所有座位安装安全带,以便在旅行时使用。但请注意: 只有那些获得ECWVTA认证的房车才配备后座安全带,要经过类似于前排座椅的测试。奇怪的是,目前并不需要安装与座位一样多的安全带,于是一些制造商会想尽办法降低成本,所以你要检查车辆是否符合你的需求。

转速表和速度限制器

除非车辆用于商业目的,否则这些不是必需的,并且通常只有在用于运输货物时才使用。然而,一些基础车辆可能在最初制造时安装它们,这意味着当改装者订购基础车辆时需要取消它们,或者作为改装过程的一部分将其移除。

总结

购买新的或二手的房车时,请检查以下问题:

- 房车是否已获型式认可? 如果没有,是否有其道路合法性的证书(例如SVA或IVA证书)? 在没有其他证书的情况下,有效的MoT证书也会有所帮助,但如果在购买前有任何疑问,请考虑进行独立检查。
- 车辆总重量是否能为你提供足够的有效装载能力? 是否符合适用于你的驾驶执照限制?
- 发动机排放是否足够好,让你可以毫无限制地前往伦敦和许多欧洲城市?
- 车辆是否有NCC认证计划批准标牌? 如果没有,制造商是否声称至少符合EN 1646标准?
- 是否为你将携带的乘客提供足够数量的安全带?

译者后记

　　根据路程网统计，截至2018年年底，我国房车保有量约为79000辆，比2017年同比增长51.9%，2019年房车保有量更是超过10万辆。相比于2019年年底汽车保有量2.6亿辆，10万辆的房车保有量太微不足道了。但这恰恰也能说明我国房车行业存在巨大潜在发展空间的可能。

　　《房车改装快速入门》是非常实用的房车改装指南图书，通过作者真实的改装经历，教会我们关于房车改装的知识和技巧。在翻译过程中，我始终有一个感想，如果我们能自己动手改装一辆属于自己的房车，如果房车改装DIY这种事情能在中国流行，那就说明我们的房车文化是真正普及了。期待那一天，也希望我们广大车友们一起参与和推动此项工作。

　　感谢合作伙伴路程网CEO丁红波先生给予的指导和支持。限于时间，更限于英语水平和专业技术，本书翻译如有不妥之处，恳请大家批评指正。

　　感谢我的研究生匡翠翠同学的辛苦付出，她不仅承担了本书部分章节的翻译工作，还帮我做了很多事务性工作。此外，也感谢肖海燕、陈晓宁和邓蕊同学参与部分章节的整理工作。

符全胜

2020年6月